U0034581

多少樓臺煙雨中

從古鎮名橋到瓊樓玉宇，告訴你建築裡隱藏的故事

古鎮名橋｜瓊樓玉宇｜絕美園林｜寺廟文明｜天子皇陵

一本書帶你遊歷碧瓦朱簷的東方建築，

訪遍美不勝收的世外桃源！

崧燁文化

夏弘莉 著

目錄

第一章　古鎮幽幽照斜陽

第二章　名橋奇葩臥長虹

第三章　高樓瓊宇翹飛檐

第四章　移步換景看園林

第五章　寺廟文明予平和

第六章　前朝天子後世皇陵

第一章　古鎮幽幽照斜陽

第一章　古鎮幽幽照斜陽

古鎮，一般指有著百年以上歷史的、供集中居住的建築群。廣闊土地上有著很多悠久歷史、文化底蘊深厚的古鎮，其中有部分已經被聯合國教科文組織列入世界文化遺產。說到古鎮，就會使人產生一種「回歸家園」的古老衝動，這衝動讓我們風塵僕僕，甚至千難萬險奔向一個在地圖上絕對找不到的地方，讓漂泊已久的靈魂在其間尋求一兩天的撫慰。很可能，你將和我們一樣加入到尋找古鎮的旅途中，祝你真的能在一個古鎮的清風明月之夜，恍然間頓悟前世今生。

江南第一水鄉周莊

周莊特色

依河成街，橋街相連，轎從前門進，船從家中過，
是江南典型的小橋流水人家景象
整體結構嚴謹，局部構思巧妙，磚雕門樓獨特、
細膩的富豪沈萬三的沈廳是一大看點
橋面一橫一豎，橋洞一圓一方的雙橋是世界了解周莊的契機

在江南水鄉古鎮中，周莊優美的水鄉風光最先為人們知曉：依河成街，橋街相連，深宅大院，重脊高檐，河埠廊坊，過街騎樓，穿竹石欄，臨河水閣，一派古樸幽靜，是江南典型的小橋流水人家。

周莊古名貞豐里，在春秋時是吳王少子搖的封地，古稱「搖城」宋代在這裡設莊經農的周迪郎，捐田莊在白蜆江畔建全福寺，百姓感其恩德，稱其地為「周莊」。這就是古鎮名之由來。

周莊有「第一水鄉」之稱，在這裡，幾乎家家都有自家的碼頭，「咫尺往來，皆須舟楫」。到周莊，你會經常看到「轎從前門進，船從家中過」的景象。

元末明初時，江南富豪沈萬三經商而富，使貞豐里出現了繁榮景象，形成了南北市河兩岸以富安樓為中心的集鎮。

來到周莊，聽到頻率最多的名字就是沈萬三。富豪沈萬三在周莊、蘇州、南京和雲南都留下了足跡，但是，他始終把周莊作為他立業之地。儘管他受到張士誠、朱元璋的封賞，但他都不願意離開這塊寶地。不過號稱江南第一富豪的沈萬三富得連朱元璋都眼紅，在遭受朱明王朝三次沉重的打擊之後，走向了衰落。然而，沈萬三畢竟是一個值得研究和借鑑的人物，他在周莊的遺跡，很多專家學者深感興趣。

因此，去周莊參觀沈廳成為必去之地。沈廳原名敬業堂，清末改為松茂堂，由沈萬三後裔沈本仁於清乾隆七年（西元一七四二年）建成。沈廳共由三部分組成。前部是水牆門和河埠，專門供家人停靠船隻、洗滌衣物之用，為江南水鄉的特有建築；中部是牆門樓、茶廳、正廳，是接送賓客，辦理婚喪大事和議事的地方；後部是大堂樓、小堂樓和後廳屋，為生活起居之處。整個廳堂是典型的「前廳後堂」建築格局。前後樓屋之間均由過街樓和過道閣連接，形成一個環通的走馬樓，為同類建築物所罕見。整個廳堂的刻工之精、構思之巧，足可與蘇州網師園中的磚雕門樓媲美。

除了沈廳外，富安橋和雙橋在周莊也非常著名。富安橋是江南僅存的立體橋樓合璧建築；雙橋則由兩橋相連為一體，造型獨特；石橋牢固而又質樸，建於明代，由一座石拱橋和一座石梁橋組成，橫跨於南北市河和銀子浜兩條小河上。橋面一橫一豎，橋洞一圓一方，錯落有致，宛如一把大鎖將兩條小河緊緊鎖住。

唐風子遺，宋水依依，煙雨江南，碧玉周莊。

周莊沒有名山大川，沒有奇花異草，然而穿行於石板路上，踢踢躂躂的足音，猶如訴說著周莊九百多年的滄桑變化：以其靈秀的水鄉風貌，獨特的人文景觀，質樸的民俗風情，成為東方文化的瑰寶。

趣味知識窗

一九八四年，旅美上海畫家陳逸飛，以雙橋為題材，創作了一幅題為《故鄉的回憶》的油畫，連同其他三十七幅油畫在美國西方石油公司董事長阿曼德．哈默的畫廊展出。正是這一選擇才使大家真正知道了周莊。

一九八五年，這幅油畫又被印上當年聯合國首日封。由此，世界上越來越多的人領略了周莊古鎮秀美的風光與古樸的風韻。

東方威尼斯城同里

同里特色

江蘇最早、保存最完整的水鄉古鎮
一園二堂三橋，是同里的經典景致
水多，橋多，園林多，名人也多

「五湖環境於外，一鎮包含於中。鎮中家家臨水，戶戶通舟。」這就是水鄉古鎮同里。鎮外有五湖環抱，鎮內有十五條河流成「川」字形把鎮區分割為七個島嶼，四十九座建於各個朝代、風格各異的石橋將其連成一體，是目前江蘇省保存最為完整的水鄉古鎮，被譽為「東方威尼斯」。

同里，舊稱「富士」，唐初，因其名太侈，改為「銅里」，宋代，又將舊名「富土」兩字相疊，上去點，中橫斷，拆字為「同里」，沿用至今。同里縱橫交錯的水網，使其免受戰爭摧殘，成為富紳闊商避亂安居的理想之地。

同里，最為人們稱道的就是「一園二堂三橋」，一園是指「退思園」。退思園建於清光緒十一至十三年（西元一八八五年至一八八七年），是安徽兵備道（官名）任蘭生遭彈劾解職回鄉後花了十萬兩銀子建造的私家花園，取名退思，就是退而思過之意。退思園一改以往園林都是縱向的結構，而變為橫向建造，由西至東，左為宅，中為庭，右為園，每一部分的設計都獨具匠心。

二堂是指嘉蔭堂和崇本堂。嘉蔭堂舊稱柳宅，是南社詩人柳亞子的叔叔柳炳南為柳姓姪子建造的讀書之處，建於民國初年。前門臨街，後門依水的獨特格局使嘉蔭堂在小鎮民居的地勢中獨占鰲頭。嘉蔭堂中「閒居足以養老，至樂莫如讀書」的對聯，則使遊人頓時領悟設計者的心思。

崇本堂內，精華在於雕刻，木雕比比皆是，其藝術之精湛，為江南民居中罕見。如果把同里比作是一座古建築的博物館的話，那麼崇本堂就是這座博物館中一件雕刻精緻的藝術品，其精湛的技藝和深刻的內涵，讓每一位遊人讚嘆不已。

同里的橋有韻、有味，橋是同里的性格，橋是同里的文化象徵和魅力所在。同里最有名的「三橋」是指太平橋、吉利橋和長慶橋。它們呈三足鼎立的姿態相依相伴佇立在古鎮中心，看上去小巧玲瓏、古樸典雅，猶如三尊精雕細刻的石雕，凌駕於小河之上，掩映在綠樹叢中。而走「三橋」這古老的民俗，千百年來一直廣為流傳，是消災去難、吉祥幸福的象徵。人說：走過太平橋，一年四季身體都好；走過吉利橋，生意興隆步步高；走過長慶橋，青春長駐永不老。幾乎每個走三橋的人，都能寄託心中的希望。

同里人世代勤奮苦讀，知書達理，人文薈萃。自南宋淳祐四年（西元一二四七年）至清末，同里先後出狀元一人，進士四十二人，文武舉人九十三人。從古到今，神奇山水哺育了很多傑出人士，如葉茵、徐純夫、莫旦、陳去病等。正是有如此之人，才會創造出如此厚重的文化。

如果說周莊是大氣端莊的公關小姐，那同里就是一位恬雅文靜的小家碧玉，靈秀萬分。它以厚重的歷史，燦爛的文化和「小橋流水人家」的風格聞名海內外，以美征服了所有拜訪者。

趣味知識窗

同里的橋多，思本橋是橋齡最長，也是最古老的。它建於南宋，距今已有七百多年，「思本」乃取「國以民為本，民以食為天」之意；最小的橋則是坐落

第一章　古鎮幽幽照斜陽

在環翠山莊荷花池上的獨步橋。此橋橋面總長不滿五尺，寬不過三尺，兩人相遇需側身而過，單孔拱形，小巧玲瓏，堪稱一絕；最富有神話色彩的古橋是富觀橋。在此橋的龍門石上，有一幅唯妙唯肖的「桃花浪裡魚化龍」的石雕。

神州水鄉第一甪直

甪直特色

水巷小橋多，人家盡枕河

橋多，稱得上是古代橋梁的博物館，其橋梁的密度遠超過義大利的水城威尼斯

保聖寺是甪直最古老的寺廟

古銀杏是甪直古老的象徵之一

「萬盛公尺行的河埠頭，七橫八豎停泊著鄉村裡出來的敞口船，裡面裝載的是新米，把船身壓得很低，齊著船舷的菜葉和垃圾被白膩的泡沫包圍著，一漾一漾的，填沒了這隻船和那隻船之間的空隙……。」

這是葉聖陶先生的小說名篇《多收了三五斗》開頭的一段描述。萬盛公尺行的原型是甪（ㄌㄨˋ，音路）直鎮南市的萬成恆公尺行，位於古老的甪直古鎮南市河的西岸。

第一章　古鎮幽幽照斜陽

古鎮甪直距今已有兩千五百年的歷史，被費孝通譽為「神州水鄉第一鎮」。

甪直古稱甫里，唐宋名鎮。對於甪直，很多人都會提出這樣一個問題，那就是這個「甪」究竟是怎麼來的，這裡為什麼叫甪直？因鎮東有直港，通向六處，水流形有酷如「甪」字，故改名為「甪直」，又相傳古代獨角神獸「甪端」巡察神州大地路經甪直，見這裡是一塊風水寶地，因此就長期落在甪直，故而甪直有史以來，沒有戰荒，沒有旱澇災害，人們年年豐衣足食。

人們常說：「看水鄉，逛古鎮，不可不去甪直。」古鎮上河水清清，環境幽雅，名勝古跡棋羅星布。

到了甪直，你不可不去保聖寺。保聖寺是甪直最古老的寺廟，創建於西元五〇三年。寺廟規模宏大，盛時約占半個多鎮，現在的保聖寺山門是按乾隆年間的原貌重修起來的。寺內唐代著名雕塑家楊惠之所塑的九尊泥塑羅漢，雖歷經千年滄桑，卻仍然保存完好。

在保聖寺西側還有甫里先生的墓，甫里先生即唐代大詩人陸龜蒙的別名。寺內的「鬥鴨池」、「小虹橋」和「清風亭」均是他留下的遺跡。

水多、橋多是甪直的一個特色，人稱「水巷小橋多，人家盡枕河」，甪直歷來享有江南「橋都」的美稱，一平方公里的古鎮區原有宋、元、明、清時代的石拱橋七十二座半，現存四十一座，造型各異、各具特色，古色古香。很多有識之士都感慨的說：「看了甪直，實際就等於參觀了一個古代橋梁的博物館，其橋梁的密度，遠超過義大利的水城威尼斯。」

走在甪直古鎮的街道上，你會隨處可見古銀杏。古銀杏這不僅是甪直這個歷史文化名鎮古老的標誌，而且為甪直的景色蓬華增輝。目前古鎮上有銀杏樹七棵，其中在保聖寺四周有四棵，最大的一棵距今已一千三百年樹齡，高度五十公尺。

除此之外，甪直鎮還有很多古代名人的遺址舊跡。鎮東有北宋的白蓮花寺，鎮西有孫妃墓，鎮北有吳王夫差的行宮，鎮南有西漢丞相張蒼的陵墓。

甪直古鎮的每一座橋，每一滴水，每一棵古樹，都給人一種獨特的舒適感。久遠的「鴨沼清風、分署清泉、吳淞雪浪、海芷鐘聲、浮圖夕照、魚蓮燈阜、西匯曉市」等甫里八景飽經歷史的磨難，許多都難覓當年的風采，但甪直的古老卻永遠令人神往。

趣味知識窗

著名的文學家葉聖陶十八歲於蘇州草橋中學畢業後，即開始當小學教師並從事文學創作，一九一七至一九二一年在吳縣縣立第五高等小學任教，從此與甪直結下了不解之緣，葉聖陶把甪直比作培育自己成長的搖籃，親切的稱之為「第二故鄉」。

一九八八年十二月八日，葉老不幸在北京病逝，他的骨灰在其親屬的護送下，歸葬在葉老的第二故鄉——甪直。葉聖陶紀念館，是葉聖陶當年任教的「吳縣第五高等小學」舊址，現被列為江蘇省學校德育教育基地。

水墨畫卷文氣南潯

南潯特色

靠蠶絲業帶動的富豪之鎮，一鎮之地，擁有五園

外秀內中，文化累積深厚

小蓮莊和藏書屋是南潯的內涵所在

擁有保存完整號稱「江南第一古民宅」的張石銘舊宅

在江南水鄉六大名鎮裡面，南潯（ㄒㄩㄣˊ，音尋）是不太出名的一個，卻是很有特點的一個。南潯彷佛是藏在深閨的大家閨秀，看上去好像並無不同，卻常常有讓人驚豔之感。

南潯位於浙江湖州市東，歷史悠久，經濟發達。在明清時代，南潯就是一個典型的江南水鄉名鎮和旅遊勝地。

南潯是近代史上罕見的一個富豪之鎮，主要是因為蠶絲業的興起和商品經濟的發展。「附近遍地皆桑，家家養蠶，戶戶繅絲織綢」就是當時的真實寫照。

第一章　古鎮幽幽照斜陽

在這個熙熙攘攘的古鎮上，有著號稱「四象」的江南四大首富。又有類如《紅樓夢》中寧國府、榮國府那樣八家公爵似的，號稱「八牯牛」的大富之戶，以及擁有充滿了民間嘲諷意味的，號稱「七十二隻金黃狗」的豪門、財主。歷史上園林眾多，南潯自南宋至清代鎮上大小園林達二十七處，以一鎮之地，而擁有五園，實江南所罕見。

走進南潯，猶如一幅水墨畫卷展現在我們面前。在這幅畫中，最著名的就是小蓮莊和藏書樓了。園中老樹青蔥，藕花滿池，江南大宅門，庭院深深處，彷彿講述著一個個絲路蠶花的往事；那山脊黑瓦所組成的線裝書裡，記載著的是無數古老的智慧。

嘉業堂和小蓮莊的主人是劉承乾，這位在近代史上頗有名氣的藏書家，也是近代潯商中的「四象」之一的劉墉的孫子。劉承乾是個愛書成癖的人，當時正逢日本靜嘉堂文庫收購同鄉陸心源「皕（ㄅㄧˋ，音必）宋樓」藏書，震動一時，劉承乾不惜血本，重金搜羅，其中包括宋元明善本和珍貴孤本，前後聚書多達一萬兩三千種，十八萬冊約六十萬卷，耗資三十萬元，建嘉業堂藏書樓存書。

藏書樓往東數百公尺，是保存完整號稱「江南第一古民宅」的張石銘舊宅。

張石銘舊宅是一個非常大的宅院，前面是中式，後面是西洋式的，宅院中甚至還有個小型教堂，僅從前門進去，到後門出來，就要走十幾分鐘。

南潯的水鄉風光，不單外表，而且內秀，充滿濃郁的文化氣息。南潯自古以來文化昌盛，人才輩出，崇文重教，僅宋、明、清三朝統計，南潯籍進士四十一名、京官五十六名、州縣官五十七名。近代、現代有影響的專家學者有八十多名。飽學之士著書立說，給後人留下了不少著述。

曾經，有人說過：「身為江南水鄉六大古鎮之一，南潯或許是最耐得住寂寞的一個。南潯默默守望這濃厚的文化累積，等待著不多但是真正懂它的有情人，毫無怨言。」的確，南潯就是這樣的一個地方，去的時候覺得平平淡淡，但回來之後卻會常常回憶起，無限懷念它的豐富與博大，它的恬靜與自然，讓人們充滿了再去一次的欲望。

趣味知識窗

愛書如命的劉承乾花費鉅資收集書籍，樓中藏有宋元刊物一百五十五種，海內祕笈珍本達六十二種之多，地方志書一千多種。其中部分書籍是關於疆域劃定的重要歷史資料。藏書樓不僅收藏古籍，其雕版印書也是聞名遐邇的。宋刻本《史記》、《前漢》、《後漢》、《三國志》，統稱為前四史，就是劉承乾的鎮庫之寶。

原汁原味清雅烏鎮

烏鎮特色

文學巨匠茅盾的故里
完整保存著晚清和民國時期水鄉古鎮的風貌和格局
水閣是烏鎮的獨創，也是烏鎮的魅力所在
「橋裡橋」是烏鎮最美的古橋風景，堪稱橋景一絕

瘦瘦的烏篷船、長長的青石路、窄窄的街衢、幽幽的水巷，在烏鎮，時間像凝固在幾年前……。

烏鎮是浙北桐鄉的一個小鎮，位於江蘇與浙江的交界處，京杭大運河的西側，據稱是江南六鎮中最原汁原味的小鎮。

烏鎮舊稱烏墩，春秋時此地為吳疆越界，唐代時開始稱「鎮」。到了南宋嘉定年間，以車溪為界分為烏青兩鎮，河西烏鎮屬湖州府，河東青鎮屬秀州。一九五〇年之後烏鎮從吳興縣劃為桐鄉縣，才有了今天的小鎮。

烏鎮是典型的江南水鄉古鎮，完整保存著晚清和民國時期水鄉古鎮的風貌和格局。

烏鎮的河流密度和石橋數量均為古鎮之最。例如，通濟橋和仁濟橋兩橋成直角相鄰，不管站在哪一座橋邊，都可以看到一個橋洞裡的另一座橋，故有「橋裡橋」之稱。「橋裡橋」是烏鎮最美的古橋風景，堪稱橋景一絕。

在烏鎮，你經常能看到民居有一部分延伸至河面，下面用木樁或石柱打在河床中，上架橫梁，擱上木板，人稱「水閣」，這是烏鎮所特有的風貌。水閣是真正的「枕河」，三面有窗，憑窗可觀市河風光。傳說水閣是由一位做豆腐人家的違章建築而來，可是隨著時間的遷移，許多歷史都已煙消雲散，唯有這集生活的實用與享受於一體的建築形式因受人們的喜愛而得以保存和延續。從某種意義上來說，水閣是烏鎮的靈氣所在，雖然它沒有奢華，難比高樓。有了水閣，烏鎮的人與水更為親密；有了水閣，烏鎮的風貌更有韻味；有了水閣，烏鎮的氣質更為悠雅；有了水閣，烏鎮的歷史添了一份委婉。水閣是烏鎮的獨創，是烏鎮的魅力所在。

說到烏鎮，人們便會想到大文豪茅盾，烏鎮是茅盾的故鄉。茅盾故居在桐鄉市烏鎮觀前街和新華路交界轉角處，是一代文豪誕生和度過童年、少年時代的地方。故居的對面是「林家鋪子」，據說茅盾的同名小說就是以這家店鋪為原型創作的。

也許是烏鎮的水特別有靈氣，從古至今，出的大家數不勝數，從一千多年前最早的詩文總集編選者梁昭明太子，到最早的鎮志編撰者沈平、著名的理學家張楊園、著名藏書家鮑廷博、晚清翰林嚴辰、夏同善。烏鎮自宋至清千年時間裡出貢生一百六十人，舉人一百六十一人，進士及第六十四人，另有蔭功襲封者一百三十六人。烏鎮古代最大的名人是南北朝時梁朝的昭明太子蕭統，他曾在烏鎮築館讀書多年，並編撰了《昭明文選》，此書對文壇影響極大，和《古文觀止》、《唐宋八大家文鈔》一起成為古代讀書人手上必備的文學範本，可與《詩經》、《楚辭》並列。

烏鎮是江南的封面，傳承著千年的歷史文化。走進烏鎮，走在那用青石板鋪成的狹窄的小街上，看到兩邊各行各業的民居和仍住在民房中的鄉民，就會讓人有一種親切自然的感覺。作為歷史古鎮，烏鎮無論是整個鎮還是觀前街，都體現著一種人文環境與自然環境和諧相處的整體美。

趣味知識窗

遊覽烏鎮的西柵，有三樣純手工的東西值得一看：一是手工製醬作坊，鎮上的紅燒菜系味道不錯，很大一部分是因為自產自銷的醬油的功勞；二是生鐵鍋，手工鑄造；三是蠶絲，益大絲號始創於光緒初年，你可以親手在原始的繅絲機上操作。

吳根越角淳樸西塘

西塘特色

千年古鎮，古代吳越文化的發祥地之一

春秋的水，唐宋的鎮，明清的建築，現代的人

長達一千多公尺的廊棚是江南水鄉中西塘獨一無二的建築

依舊是拱如彎月的石橋，依舊是青瓦灰牆的老宅，依舊是槳聲四起、柔柔的河水，依舊是樸實如親的人家……古鎮西塘宛如一首悠悠的輕歌，讓人沉靜於它的淳樸之中。

西塘地處江浙滬三省市交界處，早在春秋戰國時期就是吳、越兩國的相交之地，故有「吳根越角」和「越角人家」之稱。相傳春秋時期吳國伍子胥興水利，通鹽運，開鑿伍子塘，引胥山以北之水直抵境內，故西塘也稱胥塘。在唐開元年間就已建有大量村落，人們沿河建屋、依水而居；南宋時村落漸成規模，形成了市集；明清時期已經發展成為江南手工業和商業重鎮。「春秋的水，

唐宋的鎮，明清的建築，現代的人」是對西塘最恰當不過的形容。

俗話說：「一方山水養一方人。」人們生活在小巧玲瓏的西塘古鎮中，惜土如金，無論是商號或是民居、館舍，在建造時對面積都相當計較，房屋之間的距離壓縮到最小範圍，由此形成了一百二十多條長長的、深而窄的弄堂，長的超過百公尺，窄的不到一公尺，形成了多處「一線天」。在西塘的弄堂中，名氣最大的是石皮弄，長不過六十八公尺，寬不到一公尺，整條弄的路面由一百六十六塊條石鋪成，條石厚僅三公分，如石頭的一層薄皮，石皮弄也因此得名。

在江南水鄉，分散的、幾戶合一的廊街隨處可見，然而，長達一千多公尺的廊棚是江南水鄉中西塘獨一無二的建築。廊棚是連接房屋與房屋室外的通道，為了遮雨避陽，在走道上加蓋了屋頂。綿延不絕、連成一體的長長廊棚，都是一色的黑瓦蓋頂，磚木結構，有兩三公尺寬。西塘的廊街，一邊是商店或民居，另一邊是河，廊街都有小河緊貼著，彎彎曲曲，情調非常。步入廊街，映入眼簾的是兩岸水上人家和前呼後應的河埠。漫步廊棚之下，和風陣陣，支撐廊棚的紅色木柱一根挨著一根，讓人產生一種懷古的遐想。如逢雨天，雨水在廊檐口滴滴答答形成一道長長的雨簾，就是不會寫詩的人也會頓時詩意滿腔。

尊聞堂是西塘最古老的民居之一，集元、明建築風格於一體。老宅廳堂主梁上刻有一百個「壽」字，這恰恰反映了一種恬靜的極致——達到「壽」的目的。這根百壽梁上的「壽」字之間，還雕刻著九隻蝙蝠，其中南北兩面的六隻蝙蝠造型為向下飛，被稱為「福從天降」，其他幾隻蝙蝠與古錢雕刻在一起，被稱為「福到眼前」。可以說，整根百壽梁又是傳統的與世無爭、恬靜淡泊、注重自身完善的人生觀、道德觀的表現。

西塘古鎮，廊棚蒼老，弄堂幽深，河流縱橫，綠波蕩漾，自有一種清靈脫俗的逸致和風韻。暫且拋卻凡間俗物，小隱於古鎮之中，在娛樂中體味淳樸的民風，自有一種返樸歸真的感覺。

趣味知識窗

西塘歷史上以產酒而著名。清代人士陸炳奇是西塘鎮上的釀酒莊家，曾寫詩歌：「酒家兩字我承當，遺法群師陸美煌，墓側一潭秋水碧，子孫嗜酒盡高陽。」釀酒主要是水好。西塘的水來自汾湖，汾湖是吳越的界河，水質清澄。西塘酒廠就以「汾湖」定為善釀酒的招牌。善釀酒廠已有兩百多年的歷史了，用現代技術釀製出的傳統特色的善釀酒，被專家評為「色澤澄黃，透明，味鮮甜，柔和，爽口而醇香濃郁」遠銷國內外。善釀酒是西塘的驕傲。

米豆腐飄香芙蓉鎮

芙蓉鎮特色

有著兩千多年歷史，享有「酉陽雄鎮」、湘西「四大名鎮」、「小南京」之美譽

五里青石板街幽深曲折、保護文物「溪州銅柱」

因電影而聞名的貞潔牌坊米豆腐遠近聞名

芙蓉鎮原名叫王村，是一座水邊小鎮，有著兩千多年歷史。後因電影《芙蓉鎮》名聲大噪，後改叫芙蓉鎮。

芙蓉鎮隸屬湖南，原是秦漢時土王的王都，後為西漢酉陽縣治所，素有湘西「四大名鎮」、「小南京」之美譽。

芙蓉鎮靠山依水，村落屋舍沿山坡向山頂梯形分布。前面流淌的酉水連接著猛洞河上游鳳灘水庫的瀲灩風光。村口有渡口，渡口旁有一條石板小路從酉水延伸到小山坡，一節節的臺階青石所鋪，宛如一道曲折幽深的天梯，而兩邊

是土家的樓閣、土家的手工坊，從手搖腳踏的棉花機、閹豬鳴號的羊角到世代相傳的雕花牙床，近百件散發著鄉土氣息的鄉間用具，展示著土家族古老豐富的歷史。

來到芙蓉鎮，你一定要吃上一碗米豆腐。鎮中那長達五里的青石小街，從頭到尾全部都是清一色的米豆腐店。每一家都掛出電影《芙蓉鎮》的劇照，以示自己的正宗。其實在電影拍攝之前，米豆腐就早已是這裡的特色。二十多年前，一部電影把「深居閨閣人未識」的這個小小村鎮，從地圖上尋找出來，放在世人面前。從那以後，曾經與世隔絕的寧靜被打破了，而這種深刻的影響，大概就是從一碗米豆腐開始。在所有的米豆腐店中，最有名的還是有貞潔牌坊的那家，這也是電影《芙蓉鎮》中的那家米豆腐店。店主每天開業都會在店堂中掛出當年劉曉慶在米豆腐店的劇照與合影。

芙蓉鎮的文化精髓也如同地理位置一樣幽深，與山水融為一體，比如記載土家族政治軍事歷史的保護文物「溪州銅柱」。西元九四〇年，楚王馬希範與溪州刺史彭士愁多年交戰媾和，締結盟約，劃疆而治，鑄五千斤銅柱，把戰爭的經過和議和的條款，鐫刻於銅柱之上，以此為證。溪州銅柱是研究土家族古代歷史的重要文獻。土家族視銅柱為神物，現存於芙蓉鎮民俗風光館內。

芙蓉鎮，曲折幽深的大街小巷，臨水依依的土家吊腳木樓以及青石板鋪就的五里長街，處處透露著淳厚古樸的土家族民風民俗。胡績偉先生遊覽猛洞河和芙蓉鎮以後作詞讚道：「武陵山秀水幽幽，三峽落溪州。懸崖壁峭綠油油，悠悠蕩華舟。烹鮮魚，戲靈猴，龍洞神仙遊，芙蓉古鎮吊腳樓，土家情意稠。」

沿石板街遠遠望去，總感覺五里青石板街就像一本線裝古籍的書脊，書頁被上蒼之手打開，靜謐而又穩重的攤在酉水河邊，那書頁上凌空的吊腳樓和發生在樓裡樓外的悲歡離合便隨歲月而動，演繹出許多溫馨、跌宕起伏的故事來……。

趣味知識窗

由謝晉導演，劉曉慶和姜文主演的電影《芙蓉鎮》中，主演胡玉音（劉曉慶）和丈夫黎桂桂在芙蓉鎮以賣米豆腐為生，有「豆腐西施」的美譽。該部影片獲得「第七屆中國電影金雞獎最佳故事片獎、最佳女主角獎、最佳女配角獎、最佳美術獎」、「第十屆電影百花獎最佳故事片獎、最佳男演員獎、最佳女演員獎、最佳男配角獎」、「第二十六屆卡羅維瓦利國際電影節水晶球獎」等多個獎項。

千年瓷都之景德鎮

景德鎮特色

中外著名的瓷都，是歷史上的「四大名鎮」之一
以「白如玉，明如鏡，薄如紙，聲如磬」的獨特風格揚名海內外
青花、玲瓏、粉彩、色釉，合稱景德鎮四大傳統名瓷

景德鎮以陶瓷文化享譽世界，有「瓷都」之美譽，歷史文化悠久，有著「千年窯火不斷」的說法。東晉人趙慨導引新平，師法越窯，成為景德鎮製陶向製瓷進化之始，其功高勳重，被後世人奉祀為「製瓷師主」。明洪熙元年（西元一四二五年），鎮民在御器廠內修「佑陶靈祠」（師主廟）奉祀。隋代，景德鎮所燒製的兩座師象大獸貢於朝，為隋皇顯仁宮所用，標誌著新平瓷業發展進入新階段。到了唐代，景德鎮窯業有了新發展，「陶窯」和「霍窯」是其佼佼者的代表。

宋代對景德鎮來說，是個極其重要的時代，從這時起「景德鎮」的名稱就正式產生了。宋真宗景德年間，皇帝派人到此開始為皇家製造御用瓷器，並在瓷器底部印上「景德年製」四字。光質細膩的瓷器透過「絲綢之都」和海上航線行銷海內外，被人們稱為「景德瓷器」，因此成名。

元代的景德鎮進入了一個創新時期，它最大的成功就是創製了至今還享有盛譽的「青花瓷」和「釉裡紅瓷」。明代時，景德鎮已成為瓷都，青花瓷大大發展起來，被稱為「國瓷」，同時還燒有釉上彩、鬥彩、五彩、素三彩和各種單色釉瓷。

景德鎮瓷器以造型優美、品種繁多、裝飾豐富、風格獨特或以「白如玉，明如鏡，薄如紙，聲如磬」的獨特風格揚名海內外。其中青花、玲瓏、粉彩、色釉，合稱景德鎮四大傳統名瓷，但它們因為製作方式的不同而表現出不同的形態。

景德鎮是一座瓷器之城、藝術之城，它不但有著久遠的製瓷歷史，而且還有著深厚底蘊的陶瓷文化。在這座古鎮中，還保存著一大批古民宅、古寺、古閣、古祠堂、古閭門、古牌坊等古代建築物。古鎮中還保留著許多頗為珍貴的古代文物，如古代著名的瓷用原料產地以及世界通稱製瓷原料高嶺土，命名地高嶺、湖田古窯遺址、明清御窯廠遺址。

作為瓷器之都的景德鎮四處洋溢著瓷藝的魅力，而作為千年古鎮，這裡同樣有著與古民居相同的樸實與厚重。為紀念詩人屈原而興建的三閭廟街碼頭是瓷器通向世界各地的始發站。

如今，景德鎮瓷器不僅遠銷海內外，而且成為了「國禮」。這一切，都要感謝當年的「三保太監」鄭和的七下西洋，將象徵古代文明的瓷器傳向世界各個角落，給這個古鎮帶來前所未有的輝煌。

趣味知識窗

景德鎮瓷器多次成為中國贈與國際的禮品。景德鎮曾燒製過「毛瓷」、上海「APEC」用瓷；一九五一年，景德鎮製作的「水滸故事瓷盤」贈送給前蘇聯領袖史達林，後該瓷器為俄羅斯國家博物館珍藏；一九七〇年，景德鎮的青花文具贈給日本皇太子和日本首相福田……這說明景德鎮瓷器地位之高。現代文學家郭沫若以「中華向號瓷之國，瓷業高峰是此都」的詩句盛讚景德鎮的陶瓷歷史和文化。

長街纖道老酒紹興

紹興特色

由三個千年歷史的古鎮組成，是「一座沒有圍牆的歷史博物館」

長達一千七百四十七公尺的三里長街是昔日安昌商貿繁榮的一個歷史見證

東浦十里聞酒香

白玉長堤路，烏篷小畫船

這是一座著名水城，是「一座沒有圍牆的歷史博物館」。悠悠古纖道上，大小河流綿延一千九百公里，橋梁四千餘座，綠水晶瑩，石橋飛架，輕舟穿梭，典型的江南水鄉——紹興古鎮。

我們今天所說的紹興古鎮，是由安昌、柯橋和東浦組成。在紹興的古鎮中，安昌是旅遊的首選。這裡水鄉古鎮建制保留得比較完整，有一千七百多公尺的沿河老街、十七座跨河的古橋以及一批舊式臺門建築；從古鎮風貌的保存來說，它比紹興的東浦和柯橋都要做得好。正是由於它有著保存完好的江南古鎮風貌、富有特色的河埠街景、淳樸如初的民風民俗，這個小鎮才有著很大的知名度。

安昌原名安滄，據古書記載，大禹曾在安昌鎮東的塗山會盟諸侯並娶妻安家，《詩經》中描寫了塗山氏盼望大禹回家的「候人兮猗」一詩。今天的安昌古鎮景區包括三里老街、城隍殿、師爺館、安昌民俗風情館、義和當臺門等。沿河而築的三里長街是昔日安昌商貿繁榮的一個歷史見證。現在看到的長街還基本保留著當年的風貌，古樸典雅，極具水鄉特色。這條明清老街依河而建，全長一千七百四十七公尺，一路鋪陳的廊棚，石板街路，錯落有致的翻軒騎樓，傳統特色的店鋪作坊，姿態各異的拱橋石梁，古老凝重的臺門，幽深僻靜的弄堂，臨水而唱的戲臺，別具特色。

在安昌，你還可以看到濃濃的江南民俗風情，紹興幾千年的民俗風情在這裡展現得淋漓盡致：熱鬧的水鄉社戲、喜慶的船上迎親、傳統的手工釀酒、穿梭的烏篷小船……乃至祝福、裹粽子、串臘腸、扯白糖等等江南風俗一應俱全。走進「碧水貫街千萬居，彩虹跨河十七橋」的安昌，古樸祥和裡彌漫著一種家居的平常。

和靜謐的安昌不同，東浦是紹興的酒鄉，紹興人把東浦鎮叫做「酒窠」，即紹興釀酒的發祥地。據《東浦鎮志》記載，東浦的釀酒迄今已有近兩千年的歷史，至南宋為紹興釀酒業的中心，已是「酒賤村村醉」。明中葉以後，「東浦十里聞酒香」，東浦釀酒達到高潮。

東浦鎮上水多橋多，民居面河而築，居民以舟代車，鎮外洲綠水碧，稻香魚鮮，一派江南水鄉風光。東浦是詩人陸游和辛亥革命先烈徐錫麟的故鄉，有「水鄉、酒鄉、橋鄉、名士之鄉」的美稱。

紹興古鎮與平遙、麗江古城、江南水鄉六鎮有所不同，平遙是在晉商發達的正統中原文化背景下形成的；麗江古城是在民族融合文化背景下發展起來的；對比江南六鎮，紹興古鎮的古越文化、酒文化、水利文化、鑑湖文化、石文化都具有千年以上的歷史。遊覽紹興，不宜匆匆而過，需要你坐在小橋流水邊，細品老酒，慢慢體會，慢慢欣賞。

趣味知識窗

作為一門古老的手工藝，黃酒的釀造非常講究。每年，只有從立冬到來年立春這段時間最適合做黃酒。李時珍解釋為：「臘月釀造之酒經數十年不壞。」現在還流傳著做酒的口訣：「小雪前後做正酒，種入酒釀悉觀嗅，開耙把關需高手，一二三耙九十九，前後二酵三個月，大器晚成香永久。」這些千百年透過一代代釀酒師傳口頭傳授下來的工藝口訣，經過多少工匠透過嗅、觸、味三覺的不斷累積，即便是在數位化的今天，也有電子溫度計所不能替代的作用。

第二章　名橋奇葩臥長虹

第二章　名橋奇葩臥長虹

橋，又稱橋梁，為古代傳統建築中的一類。那些堅固結實、造型美觀、經久耐用的名橋，有如閃爍的群星，廣布大地。在北京，有天安門城樓前的外金水橋、城西南的蘆溝橋。在河北，有趙州的安濟橋、永通橋。在山西，有太原晉祠的魚沼飛梁。在湖北，有武漢長江大橋。在江蘇，有蘇州寶帶橋、南京長江大橋……多不勝數。這些橋梁，都以它們所具有的科學價值、美學價值、歷史文獻價值而被載入史冊，彪炳千古。

橋梁之王趙州橋

趙州橋特色

現存古橋中最為古老，橋梁建築的瑰寶，被譽為「天下第一橋」
跨度大、弧形平、敞肩拱、縱向並列砌築、
天然地基等多種創新的設計與施工令人驚嘆

在橋梁建築史上，最值得大書特書的是拱橋，尤其是石拱橋。其代表作就是河北石家莊趙縣的安濟橋，俗稱大石橋，多稱趙州橋。是現存古橋中最為古老，也是最有名的一座橋，是橋梁建築的瑰寶，被譽為「天下第一橋」。它在工程技術上和建築藝術上都達到了很高的成就，在世界橋梁史上占有很特殊的地位。

趙州橋建於隋代開皇十一至十九年（西元五九一年至西元五九九年），由建築大師李春主持建造，距今已有一千四百多年的歷史。橋總長六十四點四公尺、寬九點五公尺，主橋孔淨跨為三十七點零二公尺，是當今世界上現存最早、保存最完善的古代敞肩石拱橋。因橋兩端肩部各有二個小孔，不是實心的，故稱敞肩型，這是世界造橋史的一個先例（沒有小拱的稱為滿肩或實肩型）。

設計者在建造趙州橋時採用單孔石拱跨越洨河，石拱的跨度為三十七點七公尺，採取這樣巨型跨度，在當時是一個空前的創舉。而更為高超絕倫的是，在大石拱的兩肩上各砌兩個小石拱，從而改變了過去大拱圈上用沙石料填充的傳統建築型式，創造出世界上第一個「敞肩拱」的新式橋型。這是一個了不起的科學發明，其優越性在於：第一，減輕橋體的重量，節省填腹的材料。第二，四個小拱留下的四個空洞，增加排水面積百分之十六點五，在洪汛季節橋下過水面積增大、減輕了洪水對橋身的衝擊。第三，大拱之上加兩對小拱，均衡、對稱，給人一種輕盈的美感。這種精巧的造型，使得趙州橋更加壯麗多姿。

然而，另一個發現則令世人更加震驚。經挖掘發現，橋臺是建在天然的粗沙土上的，主拱起拱線下只有五層單鋪的石料，共一點四九公尺。經計算，橋的承受力每平方公分四點五公斤至六點五公斤，這種天然的地基完全能承受大橋的載重量。

總之，大橋的設計與建造者以最普通的石料和最簡單的幾何線條，把一座方便人行和車駛的石橋裝扮得空靈秀逸，玲瓏剔透，大拱如半月，小拱巧飛旋，似玉龍飲澗，若長虹懸空，不得不使人驚嘆它的鬼斧神工之妙。整個橋形在莊重中透露出輕盈，在雄偉中不乏壯麗，真如「初月出雲，長虹飲澗」，是一座把高度的科技美、技術美和藝術美融為一體的橋梁精品。有英國學者說趙州橋「弓形拱是從中國傳到歐洲去的發明之一」。

如今，趙州橋已走過了一千四百多年歷史，可謂是橋中的老壽星。在這漫長的歲月裡，它歷經了無數次車輛重壓，經受了成年曆月的風化腐蝕，遭受過多次的洪水衝擊和兵事侵害，卻風采依舊，因此是人間奇蹟，是智慧和技藝的豐碑。

趣味知識窗

在趙州橋上留有驢蹄印、車道溝和膝蓋印，橋底手印，當地人們把這些印跡與傳說關聯在一起，有民歌說：「趙州石橋魯班爺修，玉石欄桿聖人留；張果老騎驢橋上走，柴王爺推車軋了一道溝。」而據橋梁專家推測，這些痕跡是行車指標和工程指標。由於趙州橋是採取縱向並列砌築法修建的，兩邊如行重車，橋就容易損傷。橋面的驢蹄印都在東側三分之一的位置。這就是說，重載過橋如果太靠邊，石拱圈容易變形外傾發生危險，應當走中間。橋腹上的手掌印應當是一種工程指標，表示萬一橋發生裂痕，可在手掌印處暫時支撐，以免立刻坍塌，可以從容維修。這些細微之處足見先人的智慧。

聞名中外盧溝橋

盧溝橋特色

四大古橋之一，北京現存最古老的石造聯拱橋
望柱上雕有大小不等、形態各異的石獅子，非常精美，數目多得數不清
震驚中外的「七七事變」就發生在此，至今城牆上還留著累累彈痕

聞名中外的盧溝橋，在建築藝術、景觀上、史跡上都有無與倫比之處，是四大古橋之一，也是北京現存最古老的石造聯拱橋。

盧溝橋位於北京市永定河上，永定河舊稱盧溝河，橋以盧溝命名，始建於金大定二十九年（西元一一八九年）。

盧溝橋是根據永定河水流的特點設計的。整個橋體都是石結構，關鍵部位均有銀錠鐵榫連接，特別是橋墩造法頗有特色，墩下面呈船形，迎水面砌作分水尖，外形像一個尖尖的船頭，其作用為抗擊流水的衝擊。

盧溝橋上的石刻十分精美，橋身上雕有大小不等、形態各異的石獅子。獅子有雌雄之分，雌的戲小獅，雄的弄繡球。有的大獅子身上，雕刻了許多小獅，最小的只有幾公分長，有的只露半個頭，一張嘴。天下名橋各擅勝場，而盧溝橋卻以高超的建橋技術和精美的石獅雕刻獨標風韻，譽滿中外，實屬古今世界一大奇觀。

長期以來有「盧溝橋的獅子數不清」的說法。據統計，盧溝橋上的石獅子總計有四百九十六個。但另有一說，一九六二年相關部門清點，逐個編號登記，清點出大小石獅子四百八十五個。一九七九年，複查時又發現了十七個，這樣，大小石獅子的總數應為五百零二個，今後是否還會發現，誰也不敢來劃這個句號。因此，民間有句歇後語：「盧溝橋的石獅子——數不清。」

有人說盧溝橋在北京的名橋中掛頭牌，其原因一是「年紀大」；二是風景美；三是工藝精；四是地理位置重要：它是永定河上唯一的橋梁，是出入北京的咽喉塞道。盧溝橋東有一座城池，名宛平城，原是護衛北京的軍事城堡。盧溝橋及宛平城相連，就像是一座雄關，扼守北京的西大門，在軍事上占有重要的地位。盧溝橋在建成之後，因其地理位置的重要，在橋附近發生了多次戰爭。而震驚中外的「七七事變」的發生，更是宣告了抗日戰爭的全面爆發。

一九三七年七月七日，盤踞於永定河西岸的日本侵略軍以一名士兵失蹤為藉口，強行要過盧溝橋到宛平城內搜查，遭到了嚴詞拒絕。於是，日本侵略軍就大舉武裝進攻橋東，這就是震驚中外的「七七事變」。至今，盧溝橋城牆上還留著累累彈痕。現在，宛平縣城已成為一處具有重大歷史意義的紀念地。

目前，盧溝橋只准許人步行透過，目的是使這一世界獨有的古老大橋永駐長在。

趣味知識窗

盧溝橋與清朝皇帝有諸多淵源。清康熙年間，永定河大發洪水，盧溝橋受損嚴重，大量古跡在洪水中銷聲匿跡。西元一六九八年重修，康熙命在橋西頭立碑，記述重修盧溝橋事。乾隆年間，在橋東頭則立有乾隆題寫的「盧溝曉月」碑。一九〇八年，清光緒帝死後，葬於河北省易縣清西陵，須經過盧溝橋。由於橋面窄，只得將橋邊石欄拆除，添搭木橋，事後，又將石欄照原樣恢復。

天下長橋安平橋

安平橋特色：

現存最長的石梁橋，也是現存最長的海港大石橋

享有「天下無橋長此橋」之譽

橋上建造了五座涼亭，每里一亭，堪稱一絕

很早以前，安海這地方常年遭洪水和海潮的雙重侵襲，百姓苦不堪言，據說是孽龍在作怪。一位在此修練的道人知道後，決心為民除害。他運功吐出一條七彩鎖鏈，從安海鎮跨過海灣，直到南安的水頭鎮，孽龍見狀嚇得魂飛魄散，馬上逃走了，大水也退了。人們見長虹可擊退孽龍，便用長條大石鋪砌起來，建造一條天長地久的鎖蛟玉帶，一來鎮鎖孽龍作怪，二來便於兩縣百姓往來。從此，孽龍再也不敢來興風作浪。各地商旅船隻，相邀而來，商業日益發達，莊稼則年年豐收，百姓安居樂業，這座橋就被稱作「安平橋」，因為橋長五里，又俗稱為「五里橋」。

傳說終歸是傳說，據《泉州府志》記載：「安平橋是宋紹興八年（西元一一三八年）僧祖派始築品橋，未就。二十一年（西元一一五一年）郡守趙令衿成之。此橋前後歷時十三年，是一座花崗岩構築的梁式長橋，橋上建有五座憩亭（每里一亭），其中水心亭俗稱中亭。」

安平橋位於福建省晉江市安海鎮和南安市水頭鎮之間的海灣上，是現存古代最長的石梁橋，也是現存最長的海港大石橋，享有「天下無橋長此橋」之譽。

安平橋是歷史上保存下來的最長的石梁橋。主持建橋的趙令衿築成天下長橋而高興的寫下一首詩：「為問安平道，驅本夜已分；人家無犬吠，門巷有爐熏；月照新耕地，山收不斷鄉；梅花迎我笑，書報小東君。」若干年後，當代詩人郭沫若來安平橋參觀，留下律詩一首：「五里橋成陸上橋，鄭藩舊邸蹤全消；英雄氣魄垂千古，工作精神漾九霄；不信君謨真夢醋，愛看明儼偶題糕；複臺得意誰能識，開闢荊榛第一條！」當時及以後一段時期，福建一帶對安平橋和其他的石梁橋評價很高：「論功不減商舟楫，遺利宜書漢平准。」把造石橋的功益，比之於殷商時期運輸財貨的舟楫，和漢代為發展經濟所採取的行政措施。

然而，因安平橋地理位置特殊，受巨浪、颱風及地震的破壞，明、清兩代曾六次重修。中亭是晉江與南安二縣交界處，一橋踏兩縣這種情況也不多見。清朝時因兩縣爭地盤，使中亭也受到損害，重新劃界後才得以重修。

滄海桑田，隨著時代與地理的變遷，安海灣逐漸被泥沙所淤積，橋下是一片田園景象，海上橋幾乎變成了陸上橋。

為保護文物，晉江縣人民政府籌資百萬元，於一九八一年動工，對安平橋進行了大規模的維修。在沿橋梁兩邊數十公尺的範圍內挖沙灌水，要把「陸上橋」恢復為水上橋，殘缺的石墩石梁按原樣修補整齊，橋面上還添加了石欄桿，基本恢復了原貌。現橋長為兩千兩百五十一公尺，寬約五公尺，橋墩八百三十一個，並把附近地區擴建為遊覽區。一九六一年三月，安平橋被列為國家級文物。

趣味知識窗

安平橋這一偉大的橋梁工程是繼聞名天下的海內第一橋的洛陽橋，以工程之艱巨，為世界首創的「筏型基礎」，而產生泉州府地之建橋熱，成為泉州「橋梁甲天下」。安平橋則以長度被歷代所讚譽，以「臥龍」、「巨虹」的壯麗稱號，聞名海內外，正如一幅名對聯所言：「暴雨傾萬斛珍珠浮水面，長虹多掛一條金帶束天腰。」

園林橋十七孔橋

十七孔橋特色：

園林橋中最長的一座石拱橋，也是園林橋中最美的橋梁之一

線條柔和，遠望去像長虹飛跨在碧波之上

雕刻精美，乾隆題匾，裝飾富有藝術效果

在所有園林中，應首推北京的頤和園，而在這座專屬皇族的私家園林中，最引人注目的則是園中昆明湖上的十七孔橋。

十七孔橋，建於清乾隆二十年（西元一七五五年），跨越在碧波蕩漾的昆明湖東堤八角重檐廓如亭與翠珠般南湖島之間，是園內最大的一座石橋梁。

這座宏偉的石橋，不僅溝通了從東堤到南湖島的水上交通，而且還豐富了景物、景深，將昆明湖的水面分出層次，千畝碧波盡收眼底的空曠觀感，此橋的參與，將空曠的孤寂感消弭無蹤，這些都是造園設計者神工巧匠的神來之筆。

十七孔橋在結構上非常巧妙，遠遠望去像一道長虹飛跨在碧波之上。它的

橋洞隨著平坦的弧形橋面向兩岸下降而依次縮小，並且每一個橋洞的造型都是相同的。這種相對性的重複和對稱，展現出一種韻律感，使橋的立面構圖更加鮮明生動，並富有活力。不過，雖然橋洞的高度和跨徑都從中間向兩邊遞減，但橋墩的厚度卻沒有變化，橋拱的有序變化與橋墩的始終如一，使它在造型上獨樹一幟，一反園林橋梁不宜採用聯拱厚墩的做法，成為世人稱讚的精美之作。

十七孔橋的裝飾藝術也很有特色。每根橋欄的望柱上都雕有神態各異的獅子，有的母子相抱，有的玩耍嬉鬧，有的你追我趕，有的凝神觀景，個個唯妙唯肖。橋頭各有兩隻大水獸，很像麒麟，十分威武。橋的兩頭有四隻石刻異獸，形象威猛非常，極為生動。在橋頭不遠處還有一尊姿態雄健的烏光錚亮的大銅牛，用以鎮壓水患，稱為「金牛」。牛背上鑄有八十字的篆體銘文〈金牛銘〉。銅牛引頸翹首，雙耳豎起，氣勢軒昂。牛角挺立而微微彎曲，兩隻大眼警惕的注視著湖面，牛頭側面看向大橋，似乎正在凝神諦聽著浪花拍岸的聲音。從東堤上看，這銅牛、長橋和廓如亭組成了一幅十分美麗的園林圖畫。這樣的布置，擴大了十七孔橋在景觀審美中的輻射面，提高了橋梁的美學價值，是造園藝術的巧妙之作。

十七孔橋自建成以來，受到了皇上的寵愛，橋上所有匾聯均為清乾隆皇帝所撰寫。在橋的南端橫聯上刻有「修蝀凌波」四個字，形容十七孔橋如同一道彩虹，飛架於昆明湖碧波之上。橋的北端橫聯則有「靈鼍偃月」幾個大字，又把十七孔橋比喻成水中神獸，橫臥水中如半月狀。橋北端的另一副對聯寫著：「虹臥石梁岸引長風吹不斷，波回蘭槳影翻明月照還望。」個中意境，還需慢慢品味。

十七孔橋是自然景色與藝術性建築兩者完美的結合，是清代皇家官式石拱橋的典型代表之一，是造園藝術的傳神之筆。

趣味知識窗

建造者為什麼要把十七孔橋建成十七個孔？這裡有一個有趣的說法，即為取陽極之數「九」。中國古代，把二、四、六等偶數稱為陰數，把一、三、五等奇數稱為陽數。「九」是陽數中最大的一個數，故稱為「陽極」，十七孔橋從中間一孔向兩邊數去或從兩邊數到中間，恰好都是「九」，這和天壇圜丘壇用「九」的倍數組成完整的圖案是一個道理，這裡是寓十七孔橋的宏大之極。

構件最重江東橋

江東橋特色：

世界上最大最重的石梁橋，其中一根石梁重達兩百噸

上重下堅，相安以固。

漲不能沒，湍不能怒，火不能熱，颶不能傾，是建橋史上的奇蹟完美、

堅固的古橋吸引無數後人對其進行研究，產生諸多謎團

十大名橋之一的江東橋，是一座既長又大又重的石梁橋，也是世界上既長又大又重的石梁橋。近年又被《世界之最》書籍列為世界最大的石梁橋。

江東橋位於福建省九龍江北溪下游。江東橋這段溪流，古稱柳營江，原是通津渡口，這裡兩岸峻嶺對峙，萬壑並趨，江寬流急，波濤洶湧。

因此，自南宋紹熙年間開始，郡守趙逖伯在這裡連艘建造浮橋，但浮橋搖盪不穩，使過者懼怕，且經風雨摧損，易損壞。嘉定七年（西元一二一四年）郡守莊夏開始在此壘石為墩，建造木橋。宋嘉熙元年（西元一二三七年）木橋被火

燒毀，歷時三年多，造成石橋。

江東橋橋長三百六十公尺，每節橋用三根石梁並列接鋪，每根石梁寬、厚在一至一點七公尺間，長二十一公尺，重量都在一百噸以上，最重的達到兩百零七噸。如此沉重的石梁，其架橋技術的難度可想而知，它同埃及金字塔之謎一樣，令人驚嘆不已。自建造至今，江東橋吸引了眾多的中外橋梁建築家、旅行家前來考察探索，引出了一系列的謎團。

謎團之一：二百多噸巨石是如何架上橋墩的？

江東橋的石梁每根重量都在一百噸以上，最重達兩百多噸，這是橋梁建築中的偉大創舉，中外建橋史上的奇蹟。因為，在當時運輸工具和吊裝設備十分落後的情況下，一根一兩百多噸重的石梁是如何運到江邊？

為此？，橋梁界先輩羅英曾提出，此橋是仿效「昭功敷慶神運石」法運輸的，做法是先把石梁各面磨平，再用雜泥塑成圓柱形，等晒堅固之後，以大木為車，送上特別的大船，運到工地後利用潮汐漲落而架設於橋墩上。這一說法得到不少專家的支持，但也只是一種猜想而已，並沒有見到什麼歷史記載。究竟是如何運輸和吊裝的，至今仍是謎團。

謎團之二：石梁的長度是怎樣計算出來的？

江東橋最大跨度是二十三點七公尺，寬一點七公尺，高一點九公尺，重達兩百零七噸，按現代力學的理論計算，自重在跨度中產生彎曲拉力剛好接近該梁石料的極限強度，如果江東橋跨度再大一點，它就會因自重而斷裂。在沒有精密科學儀器設備的古代，其設計水準是如何達到如此精確的程度呢？在科學史上，吉拉德的第一本材料力學著作問世於十八世紀末，而江東橋遠在七百多年前就從實踐上解決了梁橋的彎曲理論，不得不讚嘆古代工作人民的智慧。這樣「上重下堅，相安以固。漲不能沒，湍不能怒，火不能熱，颶不能傾」實為建橋史上的奇蹟。

如今，石梁仍穩架橋墩之上，成為一大奇觀，吸引了中外許多學者、遊客。今天，江東石橋仍橫跨九龍江上，成為交通要塞。

趣味知識窗

抗日戰爭時期，為阻止日軍進犯漳州，當局於廈門淪陷後炸毀了江東橋。一九七二年，改建成混凝土結構的國道公路大橋。為讓後人領略這座古橋梁的原來風貌，修建時特地保留沒有被毀的五座橋墩和兩孔完好的古石梁。今在靠西岸公路橋下，尚存古橋的五座完整橋墩、兩跨橋面及殘墩基九座和東西金剛牆，殘長一百點三五公尺。橋墩以零點三五×零點四×五點二公尺的條石交錯疊砌，呈艦首形，通長十一點四公尺，寬五點三公尺。墩間以三至五根石梁鋪成橋面。

千古一橋廣濟橋

廣濟橋特色：

世界上最早的啟閉式橋梁

潮州湘橋好風流，十八梭船二十四洲；
二十四樓臺二十四樣，兩隻鐵牛一隻溜

在廣東潮州一帶流傳著這樣一首相關橋梁的民謠：「到廣東不到潮，枉向廣東走一遭；到潮不到橋，枉向潮州走一遭。」這首民謠所指的橋就是「廣濟橋」。

廣濟橋始建於南宋乾道六年（西元一一七〇年），歷時五十六年建成。中間一段長約一百公尺，是浮橋部分，主要是因為「中流的水太深，不可為墩」。同時又受颱風洪水衝襲，不宜建墩。因此，中間一段是用鐵鍊把十八至二十四隻木船鉸接在一起，定時開啟，以利航行。這種梁舟結合的橋梁有兩個作用，一是通航、排洪。那時，大型海船可以由汕頭過橋經潮州直達上游的大埔，寬闊修長的木排則可順流而下穿橋入海。在發大水時，就將浮橋拆掉，可使洩洪通暢。這種開啟式的構思產生的結構，在建橋史上寫下了新的篇章。故被著名橋梁專家茅以升譽為「世界最早的啟閉式石橋」。

廣濟橋的雛形橋便有築亭、「覆以華屋」於橋墩上，並冠以「冰壺」、「玉鑑」等美稱。明宣德年間，知府王源除了在五百多公尺長的橋上建造二十六間亭屋之外，還在各個橋墩上修築樓臺，至此，橋樓之設，達到極致。

這些樓臺很快便成為交通、貿易的中心，成為熱鬧非凡的橋市，有「一里長橋一里市」的說法。活脫脫就像一幅活動的《清明上河圖》。

然而，由於韓江水急勢險，廣濟橋屢毀屢建，曆元明清諸代，重修二十多次。清雍正六年（西元一七二八年），在大橋又一次修好後「鑄二鐵牛，列東西岸以鎮之」。鐵牛背上鑄有「鎮橋禦水」四個字，分別安置在西岸的第八墩和東岸的第十二墩上。道光二十二年（一八四二年）大水衝毀東岸橋墩。一隻鐵牛跌入河中，後來在上游較遠處發現。另一隻在一九三九年遭日本帝國主義者飛機轟炸，後不知去向。一九八〇年重鑄鐵牛一隻，置於橋西第五個橋墩的分水尖上。為此，在潮州一帶還流傳著這樣一首民謠：「潮州湘橋好風流，十八梭船二十四洲；二十四樓臺二十四樣，兩隻鐵牛一隻溜。」

廣濟橋，這座充滿神奇的大橋，從宋代建成第一個橋墩到形成「十八梭船二十四洲」的格局，前後共延續了三百多年。這是一座集拱橋、梁橋、浮橋於一身的啟閉式石橋，成為橋梁史上獨一無二的特例，具有不可替代的重大歷史、科學、藝術價值。

站在絢麗多姿的濱江長廊臨江憑欄眺望，梁舟結合的廣濟橋有如長虹臥波，氣勢非凡。觀賞古橋風姿，領略明代風韻，別有一番心境和感受！

趣味知識窗

隨著歷史的變遷，廣濟橋多次修築。一九五八年，對全橋進行加固維修，並拆除十八梭船，改建為三孔鋼桁架及兩處高樁承臺式橋梁。一九七六年又一次進行擴建，車道寬為七公尺，兩側又各增加了兩公尺寬的人行道；橋兩端的城樓，已作為工人文化宮供人們休閒。以後又在下游一公里處修了一座韓江大橋，把廣濟橋作為文物保護起來。二〇〇三至二〇〇七年對廣濟橋按照最輝煌時期的明代進行了修復，橋墩做了加固，恢復了「十八梭船」的啟閉式浮橋，修復了橋上的十二座樓閣和十八座亭屋，並為之加上匾額與對聯，定位為旅遊觀光步行橋。

橋中最美五亭橋

五亭橋特色：

茅以升評價它是古典建築的橋梁中最美的橋

瘦西湖的標誌，揚州城的象徵

橋上有五座風亭，橋下有十五個橋洞，且洞洞相連，洞洞相通，

這在古代建築中非常罕見

橋梁上設有五座亭子的有福建泉州的安平橋、廣西程陽的三江橋、北京北海公園的五龍亭等，這三座橋上的亭子是一字排開的，而揚州的五亭橋的亭子在建築構思上獨樹一幟，是集中在一起的，其精美秀逸令人叫絕，是園林橋梁的珍品。

五亭橋，建於江蘇揚州瘦西湖的蓮花堤上，是清乾隆二十二年（西元一七五七年）巡鹽御史高恆所建。如果把瘦西湖比作一個婀娜多姿的少女，那麼五亭橋就是少女身上那條華美的腰帶。五亭橋不但是瘦西湖的標誌，也是揚州

城的象徵。

整座橋最為點睛之筆則是橋洞的設計。造橋者把橋身建成拱卷形，由三種不同的卷洞關聯，橋孔共有十五個，中心橋孔最大，跨度為七點一三公尺，呈大的半圓形，直貫東西，旁邊十二橋孔布置在橋礎三面，可通南北，亦呈小的半圓形，橋階洞則為扇形，可通東西。正面望去，連同倒影，形成五孔，大小不一，形狀各異，這樣就在厚重的橋基上，安排了空靈的拱卷，在直線的拚縫轉角中安置了曲線的橋洞，與橋亭自然就配置和諧了。難怪後人把橋基比喻成北方威武的勇士，而把橋亭比做南方秀美的少女，這是力與美的結合，壯與秀的和諧。

如果乘船從橋下穿過，我們可以看到這十五個橋洞，洞洞相連，洞洞相通。每當皓月當空，各洞銜月，金色蕩漾，眾月爭輝，倒掛湖中，不可捉摸。

站在五亭橋上向東看，遠處的湖光水色就是一副典型的江南山水圖景。而橋東面有座四面環水的建築，叫做鳧莊。鳧莊建於一九二一年，因為形狀類似浮於水面的野鴨而得名。它的整體建築緊湊得體，烘托映襯了五亭橋和白塔，成為瘦西湖上不可缺少的一處點綴。

如此秀美端莊，引人入勝的五亭橋自古以來，吸引無數騷人墨客前來拜訪，留下無數優美篇章。朱自清描寫五亭橋：「最宜遠看，或看影子，也好。」周瘦鵑說它：「好像五姊妹並肩玉立。」前者有「顧影猶泠」之意，後者含「驚鴻照水」之美。田漢先生則說：「平視側視都豔絕，瘦西湖上五亭橋。」郁達夫從揚州舊夢中匆匆而來，說：「東方建築的古典趣味，完全薈萃於一橋之上。」袞袞名公，情不能已。李涵秋、洪為法、戈寶權、蘇步青、馮其庸、陳從周……一一賦詩屬文，為五亭橋增添了濃郁的文化氣韻，就連紐西蘭路易・艾黎老人也十分動情，盛讚「五亭橋的姿影舉世無雙」。

由此看來，五亭橋是一首凝固的詩，是一幅立體的畫，是一段古典建築史中的傳奇，是一朵金色蓮花浮於碧波之上的夢幻。無論你從任何角度欣賞，都會給你展現不同的美。

趣味知識窗

你知道嗎？具有藝術之美的五亭橋設計靈感來源於北京北海公園五龍亭的形式。臨水而建的五龍亭，中為龍澤，兩重檐，上檐圓、下檐方，表示天圓地方。亭與亭之間分別建四座小型石梁橋相連，狀若游龍。而五亭橋的設計者並沒有全盤照搬，而是依據瘦西湖周圍的景況和特點，借鑑了五龍亭的宏偉氣勢，融入了江南園林秀美的意蘊，經過翻新、昇華、再創造，在沒有北海公園那麼開闊的水面的情況下，遂建成上為亭、下為橋，分之為五亭、聚之為一橋，橋、亭合一，巧妙絕倫的景觀。

魚沼飛梁十字橋

十字橋特色：

開創橋梁先河，呈十字形建橋，是橋梁建築史上的孤本

魚沼飛梁，漢白玉欄杆，方磚鋪面，南來北往、

東去西行的遊人都可以通過

整個橋梁的造型猶如展翅欲飛的大鳥，集藝術和實用性為一體

我們知道，橋梁建築一般都為一字形，但在山西有一座橋梁卻是十字形。

十字橋位於山西太原市西南二十五公里處，呂梁山懸翁峰麓，晉水源頭晉祠內的聖母殿前。晉祠因水得名，晉祠中的水是祠中的一大盛景，有水必有橋，「魚沼飛梁」便是其中之一。古人對沼與池的區別是：「圓形者為池，方形者稱沼。」為了把泉水和其他建築巧妙結合起來，就把聖母殿前的這一泉水打鑿擴大，形成方形，故稱「沼」，又因池中多魚，就稱為「魚沼」。「魚沼」是晉水三泉之一，「魚沼飛梁」就是在方形水池上建造的一座十字形的橋梁。

從整體上看，東西橋面隆起，就像鳥的身軀，南北向的橋面舒展下斜，就像鳥的兩翼，整個橋梁的造型猶如展翅欲飛的大鳥。人站在橋中央，彷彿要凌空飛起，全身心有放鬆的自由感。這時若憑欄俯視，可見清清的泉水從橋下緩緩流過，水中有魚歷歷可數，追逐嬉戲，置身此間，彷彿又回到了莊子的時代，想像莊子與水中游魚自由交談的情景，心中竟也有「游魚解吾意」的快樂感。「魚沼飛梁」確是名副其實。每到冬季，沼巾泉水熱氣蒸騰，白霧彌漫，人們置身橋上，好似已隨橋飛入雲端。因此，被稱為「飛梁」。

魚沼飛梁，漢白玉欄杆，方磚鋪面，南來北往、東去西行的遊人都可以通過，集藝術和實用性為一體。據說十字橋是由魯班建造的。魯班與妹妹比賽技藝，妹妹讓他造一座南北走、東西通的橋，不想魯班想出了在方形池沼上建十字橋的主意，一夜之間就造好了橋。

古人將青山綠水的優美地勢環境結合得天衣無縫，設計得無比精巧。環顧四周，無不感到處處可以入畫，你不得不被古老的風水與環境藝術緊緊結合的創造力所懾服。難怪人們把魚沼飛梁與獻殿合稱為晉祠三大國寶級建築。

千百年來，「飛梁」結構經受了大自然的嚴重腐蝕和風化。地方特撥鉅款，精心修繕。我們期待煥然一新的十字橋以獨特的姿態吸引更多人的關注，讓大家都來愛護它。

趣味知識窗

在江南水鄉紹興城的東南部，有一座造型奇特的八字橋。這是一座兩橋斜對，狀如八字的石梁橋，建造在三條河流的交叉點上，以八字橋的形式解決了三街三河複雜的交通問題，達到了架一橋跨三河、通三街的功效。和十字橋一樣，這些與眾不同的橋梁都是國寶級的建築。

橋發聲響五音橋

五音橋特色：

隱身於清代順治帝孝陵神道上

敲擊橋上欄板，會發出悅耳的五個音階，非常奇妙

在古橋中，有這樣一座奇妙的橋，能發出悅耳的聲響，成為引人入勝的景觀，展示智慧和精湛技藝，這就是五音橋。

清東陵是最後一個封建王朝的陵地，也是清朝統治者在關內修建的第一座陵寢，規模宏大，氣勢恢弘，位於河北遵化。在這座齊聚精華的建築中，埋葬著清代五位皇帝，其中順治（福臨）的孝陵神道上，有一座七孔石拱橋，就是五音橋。它是近百座石橋之中最大、最奇特、最神祕而有趣的一座橋梁。

五音橋長一百零六公尺、寬九公尺，橋上有石望柱一百二十八根，抱鼓石四塊，兩邊安設有石欄板一百二十六塊，每塊欄板的形狀和大小相同。奇妙的是，如果你用石塊順著敲擊，會發出不同的聲音，當擊打的方位不同時，發出

的聲音亦不相同，會聽到五種如金玉般的響聲音階，有的低沉渾厚，如鐘鳴；有的清脆悠揚，彷佛是輕敲木魚之狀，悅耳動聽。

經過有心人耐心尋找，從北段第三塊欄板翹起，恰似古代音階的「宮、商、角、徵、羽」。故人們又稱此為「五音橋」。這座橋非常神奇，如果你在這側的欄板上敲擊，能發出五個音階，而在相對的另一側也能發出同樣的音階，真令人叫絕！據相關專家分析，這座橋所用的石料亦屬獨特，除了全橋身用漢白玉石材拱砌之外，能發出音響的欄板，是使用質地潔白、細膩的方解石（此類石材約含有百分之五十的鐵質石料）雕刻建造的，因此能夠發出響聲。

河北遵化地區用方解石建造的橋有許多，但音階音質遠不如這座橋清晰，為什麼五音橋會發出如此清脆的聲音，到現在還是一個謎，期待著大家的進一步探索發現。不過，這座獨特的，能發出奇妙聲響的五音橋，在古橋中是一個特例，具有很大研究價值。

趣味知識窗

會發聲響的橋除了五音橋能發出五個音階外，在湖南通道侗族自治縣坪坦有一座建於清朝光緒年間的亭廊橋，在颳風時能發出「嘟——嘟——」的響聲。原來，這響聲是發生在橋中間亭閣的頂部。其構造是一個用紅土燒成的大葫蘆，葫蘆上面立著一隻象徵吉祥幸福的千年鶴，鶴口有一個可以活動的哨塞。每當風起，就發出「嘟——嘟——」的響聲，數里以外都能聽到。

第三章　高樓瓊宇翹飛檐

第三章　高樓瓊宇翹飛檐

樓閣是兩層以上金碧輝煌的高大建築。可以供遊人登高遠望，休息觀景；還可以用來藏書供佛，懸掛鐘鼓。古往今來，歷朝歷代，上至真命天子，下到州官縣府，都喜歡修建亭臺樓閣。許多著名的亭臺樓閣，有的雖年代悠久，經歷漫長歲月，卻至今保存完好；有的設計匠心獨運，結構精巧古樸，造型奇特宏偉；也有的名同而景不同，極富情趣。

天下名樓岳陽樓

岳陽樓特色：

古代江南三大名樓之一

素有「洞庭天下水，岳陽天下樓」之譽

因范仲淹的〈岳陽樓記〉宋代匾額著稱於世

慶曆四年春，滕子京謫守巴陵郡。越明年，政通人和，百廢俱興。乃重修岳陽樓，增其舊制，刻唐賢今人詩賦於其上。屬予作文以記之……不以物喜，不以己悲；居廟堂之高，則憂其民；處江湖之遠，則憂其君。是進亦憂，退亦憂。然則何時而樂耶？其必曰：「先天下之憂而憂，後天下之樂而樂。」這段文章出自范仲淹的〈岳陽樓記〉，〈岳陽樓記〉之後樓因文名，文以樓彰。

岳陽樓位於湖南，雄踞洞庭湖邊，為古代江南三大名樓之一。它是江南三大名樓中唯一的一座保持原貌的古建築，建築藝術價值無與倫比。登上岳陽樓，可觀看八百里洞庭湖的湖光山色，素有「洞庭天下水，岳陽天下樓」之譽。

東漢建安二十年（西元二一五年），吳蜀聯合在赤壁一戰打敗曹魏之後，兩相對峙。東吳大將魯肅，為了對抗駐守荊州的蜀漢大將關羽，率領一萬精兵在洞庭湖中操練。與此同時，魯肅擴建了洞庭湖濱的巴丘城，並在西門城牆上修建了一座閱兵臺，時稱閱軍樓。據記載，這就是最早的岳陽樓。

唐朝開元四年（西元七一六年），中書令張說出任岳州刺史，在魯肅軍樓的舊址上重建了一座樓閣，並正式定名為「岳陽樓」。從此以後，岳陽樓的名字一直使用到今天。

宋仁宗慶曆五年（西元一〇四五年）嶽州知州滕子京重修岳陽樓，規模更加擴大。樓建成以後，滕子京邀請了當時名臣、文學家范仲淹，寫下了一篇膾炙人口的〈岳陽樓記〉。這篇〈岳陽樓記〉，由景到人，由人到志，藉景抒情，以物詠懷，成了千古絕唱。從此，岳陽樓名聲遠播。

樓的四周建有明廊，腰檐上修有平座。岳陽樓的樓頂為層疊相襯的「如意斗拱」托舉而成的盔頂式，這種拱而複翹的古代將軍頭盔式的頂式結構在古代建築史上是獨一無二的。

岳陽樓最上一層，豎著一位神仙的木雕像，他的兩旁有兩個木雕的侍童為桃、柳二仙。這位神仙，就是八仙之一的呂洞賓。相傳八仙之一呂洞賓曾三度醉臥此間。岳陽樓上有一副對聯，很是應景：「呂洞賓太無聊，八百里洞庭，飛過來，飛過去，一個神仙誰在眼？范希文（仲淹）真多事，千萬家燈火，甚麼先，甚麼後，萬家憂樂總關懷。」

岳陽樓保存的歷代文物，當推詩仙李白對聯「水天一色，風月無邊」最為著名，其次要數清書法家張照書寫的〈岳陽樓記〉雕屏。雕屏由十二塊高大紫檀木拼成，文章、書法、刻工、木料全屬珍品，人稱「四絕」。

千百年來，虞集、楊荃、李東陽、何景明、袁枚等文人墨客都曾來把酒臨風，登樓吟詠，並記之於文，詠之於詩，形之於畫，工藝美術家亦多以岳陽樓為題材刻畫洞庭景物，使岳陽樓成為藝術創作中被反覆描摹、久寫不衰的一個主題。

趣味知識窗

沿岳陽樓碑廊迂迴北行，與小喬墓相連的小四合院內，辟有岳陽樓歷代名人蠟像館。蠟像館距岳陽樓約一百公尺，四周新竹掩襯，綠草茵茵。

館內共塑有四十二尊栩栩如生、形神俱備的蠟像，身著精緻秀美的服飾，各執幾可亂真的道具。展室內布置著幽暗奇巧的彩燈，播放著清新婉轉的音樂，將人帶入了一個新奇的世界，並予以歷史啟迪與較高品味的藝術享受。

楚天極目黃鶴樓

黃鶴樓特色：

聳立於武昌蛇山，享有「天下絕景」之稱

新修的黃鶴樓保留了原有特點，在此基礎上，

又有獨特的設計，每一層的風格都不同

登樓遠眺，「極目楚天舒」，不盡長江滾滾來，三鎮風光盡收眼底

崔顥、李白等文人墨客留下眾多墨彩

昔人已乘黃鶴去，此地空余黃鶴樓。

黃鶴一去不復返，白雲千載空悠悠。

晴川歷歷漢陽樹，芳草萋萋鸚鵡洲。

日暮鄉關何處是?煙波江上使人愁。

唐代詩人崔顥（ㄏㄠˋ，音浩）的七律詩〈黃鶴樓〉，把黃鶴樓的地理位置、周圍環境、高樓雄姿、傳說故事和感受寫得淋漓盡致，從此黃鶴樓聲名大振。

巍峨聳立於武昌蛇山的黃鶴樓，享有「天下絕景」之稱，面臨大江，飛檐翹首，宏偉壯麗，實乃天造地設。

三國時期，東吳在奪回荊州之後，為了迎戰蜀漢劉備，孫權為實現「以武治國而昌」（「武昌」的名稱由來於此），築城為守，建樓以瞭望，便在現在武昌的蛇山西坡黃鵠山上興修了一座高樓，這就是最早的黃鶴樓。至唐永泰元年（西元七六五年）黃鶴樓已具規模，使不少江夏名士遊必於此，宴必於此。

為什麼要把這座建築物稱為黃鶴樓呢？有人說，黃鵠山的石頭呈黃色，於是便把建在這座山上的樓閣式建築物稱為黃鶴樓了，這種說法似有些勉強。也有人說與傳說相關，但這些都不重要。黃鶴樓造型優美，氣勢恢弘，和滔滔東去的大江相得益彰，這才是它受人青睞、被人吟誦的真正原因。

縱觀黃鶴樓的歷次重修，每次重修後的高低、大小和形狀、都不完全一樣，但都顯得高古雄渾，極富個性。與岳陽樓、滕王閣相比，黃鶴樓的平面設計為四邊套八邊形，謂之「四面八方」。這些數字透露出古建築文化中數目的象徵和倫理表意功能。從樓的縱向看各層排檐與樓名直接相關，形如黃鶴，展翅欲飛。整座樓的雄渾之中又不失精巧，富於變化的韻味和美感。

黃鶴樓自創建以來，登臨黃鶴樓並留下了不朽詩篇的著名詩人、文學家就不少，僅唐代即有崔顥、李白、王維、孟浩然、顧況、韓愈、劉禹錫、白居易、賈島、杜牧等等。其中，李白所寫〈黃鶴樓送孟浩然之廣陵〉：「故人西辭黃鶴樓，煙花三月下揚州。孤帆遠影碧空盡，唯見長江天際流。」全詩氣勢磅礴，情景交融，古往今來，一直為人所稱道。據粗略統計，從唐朝到清代，歌詠黃鶴樓的著名詩詞就有二百多首。一九二七年二月，著名的〈菩薩蠻．登黃鶴樓〉：「茫茫九派流中國，沉沉一線空南北。煙雨莽蒼蒼，龜蛇鎖大江。黃鶴知何去？剩有遊人處。」

黃鶴樓是古典與現代熔鑄、詩化與美意構築的精品。登黃鶴樓，不僅僅獲得愉快，更能使心靈與宇宙意象互滲互融，從而使心靈淨化。這大約就是黃鶴樓美的魅力經風雨而不衰，與日月共長存原因之所在。

趣味知識窗

詩仙李白曾多次登臨黃鶴樓，他的幾首應黃鶴樓景所賦的詩也是千古絕唱，如〈黃鶴樓送孟浩然之廣陵〉、〈與史郎中欽聽黃鶴樓上吹笛〉等名詩佳話都為黃鶴樓增輝添色。這其中還有一個小插曲。有一次李白路過武昌，登黃鶴樓詩興大發，正欲舉筆，抬頭見壁上已有崔顥〈黃鶴樓〉，便發出「眼前有景道不得，崔顥題詩在上頭」的感嘆。可見，黃鶴樓的美景美情可令詩人頓發靈感，超長發揮。

因序成名滕王閣

滕王閣特色：

因王勃〈滕王閣序〉而名垂千古，文以閣名，閣以文傳

斗拱、藻井和屋頂，造型優美，全閣形態雋秀，

色彩斑斕，實為一件精巧的藝術品

神童一詩序，驚起千秋風雨；傑閣頻興廢，引來百代才人

「南昌故郡，洪都新府；星分翼軫，地接衡廬。襟三江而帶五湖，控蠻荊而引甌越。物華天寶，龍光射鬥牛之墟；人傑地靈，徐孺下陳蕃之榻。雄州霧列，俊彩星馳。臺隍枕夷夏之交，賓主盡東南之美……。」

這是初唐詩人王勃〈滕王閣序〉的開頭一節文字，對滕王閣所處的南昌一帶的地理人文作了描述，辭藻華麗，對仗工整，氣勢不同凡響。這篇斑斕華麗的文辭，滔滔如長江之水的氣勢，讀罷令人讚嘆不絕，也使南昌滕王閣聲名遠播，成為人人想去觀瞻的江南名勝。

滕王閣位於南昌市區沿江北路，是一座聲貫古今、譽滿海外的千古名閣。唐高宗顯慶四年（西元六五九年），太宗李世民之弟李元嬰任洪州（今南昌）都督時，在州城西面城牆上所建。當閣建成時，封李元嬰為騰王的聖旨也剛好傳到，故名滕王閣。

元末，朱元璋戰勝陳友諒之後，在滕王閣上設宴，下令將陳友諒所蓄之鹿放生西山。此後再次毀壞，正統年間（西元一四三六年至西元一四四九年）重建，並建迎恩堂。一九二六年被北洋軍閥鄧如琢毀壞，僅存一塊「滕王閣」青石匾。現在的滕王閣，重新建成於一九八九年重陽節。

明代時所形成的以滕王閣為中心的一系列附屬建築，到了一九九〇年得到了淋漓盡致的發揮。一九八九年重建的滕王閣不但主體巍峨聳碧，遠勝前朝，而且還興建了一系列附屬建築，使滕王閣不再是一座孤立無伴的臨江高樓，而是綠葉配紅花，形成一處以主閣為中心的園林建築群，這些配套工程對滕王閣起到了烘雲拱月的作用。

從東面榕門路口進入，是一座高大的四柱七樓宋式彩繪大牌樓。貼金的「滕王閣」正匾系蘇軾的墨蹟，正門不銹鋼長聯「落霞與孤鶩齊飛，秋水共長天一色」。其餘匾額、楹聯，或集古人書法精華，或為當今名家珍品，各類大型壁畫、浮雕，均體現「物華天寶」、「人傑地靈」的主題。

自王勃重九登閣作序後，滕王閣一時名聲鵲起，一花催得百花開，歷代官紳文士皆以此閣為雅集之地，題詩作賦相襲成風，可謂「神童一詩序，驚起千秋風雨；傑閣頻興廢，引來百代才人」。據不完全統計，唐宋元明清五朝共有記述滕王閣的詩文一千九百七十篇，此外還有大量的散曲、雜劇、楹聯、匾額及話本等不計其數。

一千多年來，滕王閣飽經人世滄桑，屢興屢廢，其滄桑興廢之頻率恐非天下任何樓閣可比擬。它既經歷了歌舞昇平的昌盛年代，也飽嘗了滿目瘡痍的烽火歲月。正是由於千年興廢，枯木逢春，才使得滕王閣這朵古建築之花歷盡春夏屢更、滄桑代變，至今仍燦爛輝煌。

趣味知識窗

我們都知道王勃的千古流傳〈滕王閣序〉，孰不知它的誕生還有一個故事呢！有一年，九月九日重陽，洪州都督閻伯嶼在此大宴賓客、僚屬，恰好王勃也應邀出席。閻仙嶼的本意是在酒宴之後讓善寫文章的女婿吳子章露一手，為滕王閣寫作序文。誰知六歲時已經出名的王勃當仁不讓，欣然命筆。當王勃寫出「落霞與孤鶩齊飛，秋水共長天一色」時，先前還生氣的閻都督臉色一變，不禁稱讚道：「此天才也！」王勃作序後，又有王仲舒作記，王緒作賦，歷史上稱為「三王文章」。從此，序以閣而聞名，閣以序而著稱。

千里窮目鸛雀樓

鸛雀樓特色：

一首王煥之的〈登鸛雀樓〉使其揚名天下
七百餘年後的重建既保留了原有的唐盛風格，
又有自己的特點，使其煥然一新

「白日依山盡，黃河入海流。欲窮千里目，更上一層樓。」隨著王之渙這首詩歌的流傳，鸛雀樓也得以揚名天下。

鸛雀樓位於山西省永濟市。永濟古稱蒲阪，堯和舜都在這裡建都，這裡的文明史源遠流長，是五千年中華民族文明的發祥地。

鸛雀樓，又名鸛鵲樓，因常有鸛雀棲息其上，故名鸛雀樓。鸛雀樓大約建於西元五五七年至西元五七一年，西魏時期，宇文護從叔父、大將軍宇文泰手中繼承了軍隊和指揮權，擁立宇文泰之子為皇，是為北周，為鎮守蒲州這一軍事重鎮和要塞，宇文護在城外建起這座高樓用以瞭望軍情，鸛雀樓最初主要用於軍事目的，是一座戍樓。鸛雀樓高約三十公尺左右，這在古代高樓奇缺的情況下，是一座宏偉建築。

一九九七年十二月，地方政府決定在黃河岸畔破土動工，拉開了鸛雀樓復建工程的序幕。這是鸛雀樓自元初毀滅七百餘年後的首次重建。

復建的鸛雀樓，宏偉壯觀，不減當年的風采：樓體總高七十三點九公尺，樓身五十七點四公尺，樓身面寬七間，進深五間，外觀三層，內部實際可利用的空間為六層。樓身主體為鋼筋混凝土仿古建築結構。外表各種構件、裝飾，嚴格遵循了唐代規則。鸛雀樓整個的油漆彩畫，也是失傳的唐代彩畫藝術，經過文物專家多方考察搶救後，重新創作設計，是目前唯一採用唐代彩畫藝術恢復的唐代建築。經過油漆彩繪，該樓更顯古典風雅，充分達到「修舊如舊」的效果。

由於鸛雀樓獨立於中州，前瞻中條山秀，下瞻大河奔流，紫氣度關而西入，黃河觸華而東匯，龍蟠虎踞，下臨入州，宏偉壯闊的山川景象，吸引了無數名流登臨作賦，一時間，鸛雀樓幾乎成了文人們的賽詩樓。王之渙就是其中之一。約西元七〇四年前後，王之渙遊覽蒲州，寫下了〈登鸛雀樓〉的不朽詩篇。詩因樓而生，樓因詩而名，王之渙的〈登鸛雀樓〉，雖然只有短短二十個字，卻把哲理與景物、情勢融化得天衣無縫，成為鸛雀樓上一首不朽的絕唱，成為浩瀚唐詩精華中的精華。除王之渙外，暢當、馬戴、司馬札、李益、張喬、吳融等唐朝詩人也曾登樓賦詩。

鸛雀樓是黃河的標誌。重建後的鸛雀樓以獨特的人文底蘊和厚重的黃河文化為根基，以盛唐時代開放的社會精神和盛唐文化為包裝，以地域歷史文化為特色，以「欲窮千里目，更上一層樓」的磅礡氣勢為主要方向，形成「上下五千年，放眼看世界」的高遠意境。

趣味知識窗

自古到今，這首膾炙人口的〈登鸛雀樓〉，影響深遠，流傳最廣，婦孺老幼多能背誦。這首詩在人們精神、文化生活中所發揮的影響，難以言表。鸛雀樓早已成為人民心目中登高望遠的象徵。

秀甲黔南甲秀樓

甲秀樓特色：

以南明河中一塊巨石為基而建

整個甲秀樓朱梁碧瓦，四周水光山色，名實相符，堪稱甲秀

樓內保存著許多很有價值的對聯、匾額和碑刻，

其中以明代巡撫江東之的詩碑和清

代文人劉玉山的對聯最為有名

傳說明朝年間，貴陽這個地方出了一位狀元（貴陽在清光緒年間出了個趙狀元。所謂明朝年間出了狀元，實為訛傳）。官府為了討好他，願出鉅資修一座藏書樓，作為他讀書遊藝的地方。為此，知府大人請了三位風水先生，在全城察看了一番之後，認為南明橋那裡是塊風水寶地，回來向知府大人稟報，確定就將藏書樓修在南明橋上，並且取名叫「甲秀樓」。

甲秀樓屹立在貴州省貴陽市南明河中，以河中一塊巨石為基而建。甲秀樓

初建於明神宗萬曆二十五年（西元一五九七年），是由當時的貴州巡撫，明代著名詩人江東之主持修建的。江東之修建此樓的目的是為了點綴風景，同時也為了提倡文風、鼓勵學習，促進貴州地區多出人才、快出人才，遂取「科甲挺秀」、「秀甲黔南」的意思，將這座樓閣定名為「甲秀樓」。

現在的甲秀樓是一九八一年重修的。重修過程中，發現樓閣底層石牆中嵌有詩碑，重修後有八塊詩碑複嵌於底層樓壁。樓額「甲秀樓」三字，系宣統年間謝石琴所書。十年動亂中散失，後尋回刻有「秀」、「樓」二字的兩塊，另據過去照片，配寫「甲」字，按原式樣懸掛樓頂層外面。

甲秀樓是三層三檐四角存尖頂木結構閣樓，這種構造在古建築史上是獨一無二的。

甲秀樓自明清以來，就是遊人休閒遊玩的會所。登樓眺望，眾山環抱，近者為觀風臺，遠者為黔靈山，棲霞、扶風、相寶、南嶽諸峰，羅列左右，如笑如妝，令人心曠神怡。因此，文人雅士玩遊至此，題詠甚多。在甲秀樓內保存著許多很有價值的對聯、匾額和碑刻。其中以明代巡撫江東之的詩碑和清代文人劉玉山的對聯最為有名。

江東之在甲秀樓剛剛建成之後，曾經寫過一首詩。詩中寫道：「明河清淺水悠悠，新築抄堤接遠洲。秀出三獅連鳳翼，雄驅雙駿踞鰲頭。漁郎磯典桃花浪，丞相祠前巨壑舟。此日臨淵何所羨，擎天砥柱在中流。」甲秀樓的神態、周圍的美景、詩人的志向，在詩中得到了全面的反映。

集山光水色為一體的甲秀樓有一種獨具魅力的美，南明河從樓前流過，匯為涵碧潭，樓側由石拱「浮玉橋」連接兩岸，無論是登樓望遠，還是在樓下臨水相望，抑或站在浮玉橋上憑欄遠眺，映入眼簾的不一樣景致將帶給你不一樣的感受。

趣味知識窗

甲秀樓自貴州巡撫江東之創建算起，到一九八一年為止，該樓經歷了六次大規模的修葺，歷經四百年的風吹雨打而仍舊矗立不倒，是貴陽歷史的見證。樓基和橋雖經多次洪水衝擊，曆近四百年，仍然砥柱中流。樓前原豎有鐵柱二根：一為雍正十年（西元一七三二年），鄂爾泰鎮壓古州（今榕江）苗民，收聚兵器，鑄鐵柱標榜功績；二為嘉慶二年（西元一七九七年），勒保鎮壓興義市依族王囊仙起義，收聚兵器又鑄鐵柱立於樓下。之後維修甲秀樓，拆除鐵柱，移存省博物院。一九八一年，按原式樣重修，樓基部分採用現代建築材料和技術，再現了甲秀樓的美麗風貌。

海內長聯大觀樓

大觀樓特色：

樓內懸掛諸多匾額、對聯，最為有名的當推清代孫髯翁寫的一百八十字長聯，被稱為「海內長聯第一佳者」

建成了以大觀樓為主的亭臺樓閣、奇花異草、水岸垂柳相輝映的大觀園公園

在風光綺麗的昆明滇池北岸，屹立著一座金碧輝煌的三層樓閣，它建於清朝初期的西元一六九〇年，是觀賞滇池風光的絕妙佳處，這就是昆明大觀樓。

坐落在大觀樓公園內的大觀樓，始建於清代康熙年間。到了同治五年（一八六六年），大觀樓才又得以重修。時過三年，到了同治八年（一八六九年），大觀樓的重修工程才告結束。

在大觀樓內外，懸掛著許多橫匾、對聯和詩刻。在大觀樓懸掛的所有匾額、對聯中，最為有名的當推清代孫髯翁寫的那副長聯。

長聯的作者孫髯熱愛山水、喜交朋友、性格豪放。大觀樓落成後，他多次去那裡登樓觀景。有一次，他見一群文人在那裡附庸風雅，寫一些半通不通的詩句。孫駐足觀之，臉露微笑，這些人見他一介布衣，心中不服，道：「你笑什麼，有本事也寫啊！」起初孫不想搭理，但這些人你一言他一語，話說得越來越難聽，一氣之下，便討來紙筆道：「列位大人，在下班門弄斧了。」說完，一揮而就，寫出了一副長聯。

上聯是：「五百里滇池，奔來眼底。披襟岸幘，喜茫茫空闊無邊。看東驤神駿，西翥靈儀，北走蜿蜒，南翔縞素。高人韻士，何妨選勝登臨。趁蟹嶼螺洲，梳裹就風鬟霧鬢。更蘋天葦地，點綴些翠羽丹霞。莫辜負：四圍香稻，萬頃晴沙，九夏芙蓉，三春楊柳。」

下聯是：「數千年往事，注到心頭。把酒凌虛，嘆滾滾英雄在？想漢習樓船、唐標鐵柱，宋揮玉斧，元跨革囊。偉烈豐功，費盡移山心力。盡珠簾畫棟，卷不盡暮雨朝。便斷碣殘碑，都付與蒼菸落照。只贏得：幾杵疏鐘，半江漁火，兩行秋雁，一枕清霜。」

這副長聯的上下聯各有九十個字，都是優美的散文。縱觀全聯，對仗工整，文辭優美，氣勢磅礴，因此，這副對聯被後人稱為「海內長聯第一佳者」。

長聯因大觀樓而生，大觀樓因長聯而更顯得蔚為壯觀。孫髯翁寫的這副長聯，不但是他創作的一件精品，而且也使大觀樓揚名四海。長聯既出，人們擊掌讚賞，傳抄殆遍，並歌之詠之。

如今，大觀樓公園，除著名的大觀樓外，園內碧水漣漪，荷塘魚躍，亭榭，長廊倒映水中；前臨青草湖，遙對西山，青翠如黛，風帆沙鷗，出入菸雲碧浪間。如此意境，豈能讓人捨得離開。

趣味知識窗

孫髯喜歡奇石梅花，自稱「萬樹梅花一布衣」，他一生著作甚多，除大觀樓長聯外，還著有《金沙詩草》、《永言堂詩文集》，輯錄過《國朝詩集》、《滇詩》等，曾修《雲南縣志》。關於他寫的這幅蓋世長聯，還有一個小故事。道光年間，雲南總督阮雲曾把長聯所指的歷代帝王偷換成地方官員以及少數民族首領，使長聯的中心思想由否定封建統治而變為維護封建統治。篡改後的長聯思想僵化，顯得十分拙劣，有道是「滇中人士，頗多煩言」。為此，民間流傳著這樣的民謠：「軟（阮）菸袋（芸臺——阮雲的字）不通，蘿蔔韭菜蔥，擅改古人詩，笑煞孫髯翁。」

藏盡寶書天一閣

天一閣特色：

現存年代最早的私家藏書樓

亞洲現有的最古老的圖書館和世界最早的三大家族圖書館之一

樓內藏有各種古本圖書，有非常珍貴的明代的地方志和科舉題名錄

坐落在浙江省寧波市月湖之西的天一街的天一閣，是現存年代最早的私家藏書樓，也是亞洲現有的最古老的圖書館和世界最早的三大家族圖書館之一。在這座藏書樓中，不但收藏了大量珍貴的古代圖書資料，而且樓房的布局和建築對以後藏書樓的興修也曾產生很大的影響。

天一閣始建於明代嘉靖四十至四十五年（西元一五六一年至西元一五六六年），由當時退隱的兵部右侍郎范欽主持建造。范欽平生喜歡收集古代典籍，後又得到鄞（ㄧㄣˊ，音銀）縣李氏萬卷樓的殘存藏書，存書達到了七萬多卷，其中以地方志和登科錄最為珍稀。

作為一座藏書樓，最怕的就是火，而水可以克火。於是，范欽根據《易經》：「天一生水，地六成之」的說法，把天一閣的下層辟為六個房間，而上層是一個大通間，以便和「地六」、「天一」相對應，從而體現出以水克火的意思。

天一閣是一座高二層的硬山頂式木結構建築物，通高八點五公尺，最初的主人范欽愛書如命。為了保護藏書，訂立了嚴格的族規，如「煙酒切忌登樓」、「代不分書，書不出閣」、「女子不得上樓」，還規定藏書櫃門鑰匙由子孫多房掌管，非各房齊集不得開鎖，外姓人不得入閣，不得私自領親友入閣，不得無故入閣，不得借書與外房他姓，違反者將受到嚴厲的處罰，還制定了防火、防水、防蟲、防鼠、防盜等各項措施。正因為如此，天一閣的藏書才得以保存到今日。「外姓人不得入閣」一條，使得天一閣的藏書不為外人所知，直到清康熙十二年（西元一六七三年）明末清初思想家黃宗羲才有幸成為外姓人登閣第一人。他把其中流通未廣者編為書目，另撰《天一閣藏書記》留世。自此以後天一閣才進入相對開放的時代，但仍只有一些真正的大學者才會被允許登天一閣參觀。

儘管範氏子孫嚴格遵循「代不分書，書不出閣」的遺教，但終因年代過於久遠，藏書還是有很多的失散。乾隆年間，在修《四庫全書》時，進呈的六百三十八種珍貴的古籍真正得到歸還的寥寥無幾。後世也有被盜竊的藏書。

回顧過去，天一閣就像是一個飽經風雨的老人，四百多年來經受了人間的滄桑。如今的天一閣卻是寧波一顆閃亮的「明珠」，已經成為浙江省和寧波市的一處重要的觀光旅遊勝地，集藏書、文物、旅遊於一體。閣前有假山、水池、小橋小亭等園林建築，清幽雅靜；在閣東，有百鶴亭，造型精巧；在閣後，有尊經閣和明州碑林，古色古香；在閣內，有大量的古今圖書和天一閣創建人範欽的塑像，令人神往。

趣味知識窗

乾隆年間，清朝政府組織編纂了著名的《四庫全書》。為了收藏保存這部圖書，乾隆三十九年（西元一七七四年），清政府指派專人來到寧波，對天一閣的平面布局、結構設計、書架形式等進行考察和測量。而後，按天一閣的模式在北京修建了文淵閣、文源閣，在承德修建了文津閣，在瀋陽修建了文溯閣，在杭州修建了文瀾閣，在揚州修建了文匯閣，在鎮江修建了文淙閣。由此可見，天一閣對藏書樓的建設和圖書館事業的發展，有著重大的作用。

煙雨迷濛煙雨樓

煙雨樓特色：

一處著名的點景、賞景樓閣式建築物

根據「南朝四百八十寺，多少樓臺煙雨中」的詩意修建，

景致和意境都很貼切

乾隆皇帝六下江南中，八次到煙雨樓，留下名篇達十五首

地處太湖流域水網地帶的南湖，一年當中陰雨天居多，常常晨煙暮雨，雲氣繚繞，尤其是清明時節，細雨霏霏，此時南湖更顯得蒼茫迷濛，湖波浩渺，所以南湖和煙雨結下了不解之緣，「煙雨迷濛」成為南湖景觀最突出的特徵。煙雨樓位於南湖中央的一個湖心島上，如同一顆璀璨的明珠鑲嵌其中。

煙雨樓是一處著名的點景、賞景樓閣式建築物。它是根據唐代詩人杜牧的「南朝四百八十寺，多少樓臺煙雨中」的詩意修建的，同時也以詩中的詞句命名。

五代後晉時（西元九四〇年前後），吳越國一位開國元勳的兒子曾在嘉興南湖的湖濱修建了一座亭臺，以接待宴請賓客，為「登眺之所」。在宋高宗趙構執政的建炎年間（西元一一二七年至西元一一三〇年），這座處自然美景中並為眺望自然景觀而修建的亭臺，在金兵南下時被毀了。七十多年後，直到宋寧宗趙擴嘉定二年（西元一二〇九年），才由吏部尚書王希呂重建了這座點景、賞景的建築物。這次重建有兩大變化：第一，將亭臺變成了樓閣；第二，將建築物的地址從湖濱移到了湖心島上，樓的名字被正式定名為「煙雨樓」。煙雨樓的名稱自此開始，並一直沿用到現在。

煙雨樓，共二層，高約二十公尺，四周建有迴廊，紅柱青瓦，翹角凌空，造型美觀莊重。樓前檐懸後來重建時董必武所書「煙雨樓」匾額，樓下正廳楹聯：「煙雨樓臺，革命萌生，此間曾著星星火，風雲世界，逢春蟄起，到處皆聞殷殷雷。」亦為董必武所書，書體端正勁挺，堪稱一代楷模。

在煙雨樓周圍，還有許多古建築和重要歷史文物。清代乾隆皇帝的詩碑、宋代大文學家蘇東坡的「馬券帖石」，明代萬曆年間的「重建煙雨樓碑」等珍貴文物，分別陳列在這些建築物的內外。

乾隆皇帝一生六次南巡中，曾經八次登臨南湖煙雨樓，每次到來都賦詩留跡，以記其遊。此外，湖心島上還保留著一批珍貴的刻石，其中有宋代著名詩人、書法家蘇東坡、黃庭堅、朱芾（ㄈㄨˊ，音服）的書法刻石，元代名畫家吳鎮的風竹圖石刻，明代著名書法家董其昌的魚樂國碑，近代藝術大師吳昌碩手書的「蒲君墓誌銘」等等，以及歷代多次修葺煙雨樓後留下的碑記。

因此，來煙雨樓參觀，不管是欣賞樓閣亭臺，還是憑弔文物真跡，抑或是在這煙雨迷濛的景致中走一圈，你都能獲得不一樣的感受。

趣味知識窗

酷愛遊山玩水的乾隆皇帝對煙雨樓有一種特殊的感情，乾隆第五次南巡時，帶去了《煙雨樓圖》，在熱河行宮避暑山莊青蓮島上仿建了一座煙雨樓。可見，他對煙雨樓流連之至。現在湖心島上還有「御碑亭」二處，碑石上鐫刻著乾隆題詠南湖煙雨樓的詩篇。

巧奪天工真武閣

真武閣特色：

一座天平式的古代木結構樓閣式建築物
全樓用大如水桶的鐵梨木建造，木與木無一鐵製構件，全為木榫卯連接
體現了古代人民的智慧，堪稱古代木結構建築中的藝術精品

在南方，有一座古老而神奇的樓閣，它是一座三層建築，在二樓有四根柱子懸空不著地，全閣不用一根鐵釘，而利用槓桿結構原理建造。這就是廣西容縣的真武閣。

真武閣坐落在容縣城東門外的北靈山上，即今日容縣人民公園內，始建於明太祖洪武十年（西元一三三七年），但其臺基經略臺的歷史卻遠遠比閣悠久。經略臺是一座用黃土夯打而成的長方形高臺，四周用磚石包砌，臺長五十公尺，寬十五公尺，高四公尺，臺上還鋪有厚約一公尺的沙土。據記載，經略臺是唐代著名詩人元結在任容管經略使時調集工匠們修建的。元結修臺的目的是

為了用它來操練士兵、演習禮儀，同時也用來觀賞風景。此後，人們又在臺上建了一座武當宮。明太祖洪武十年（西元一三三七年），在臺上建了一座道教宮觀，並正式定名為「真武閣」。明神宗萬曆元年（西元一五七三年），萬曆皇帝又詔令重修真武閣。這就是我們今天看到的，這座十分有名的古代木結構樓閣式建築物，距今已有四百多年的歷史了。

然而，為什麼經略臺上有這樣一座神奇而獨特的樓閣呢？這裡還有一段故事。據說當時容縣老百姓居住的房子經常發生火災，而對面的都嶠山則被認為是火神朱鶉（ㄔㄨㄣˊ，音純）之山，人們為了降服火神就得請水神玄武大帝來居住，於是就在臺上建造樓閣，安放玄武大帝神像。

真武閣的建築結構十分奇特，在建築史上獨樹一幟。四百多年來，容縣真武閣經過了多次自然災害的強烈襲擊，卻依舊巍然屹立，這不能不更加令人驚奇。

真武閣結構之奇巧為世間所罕見，可以說達到了真善美的境界。從它的整體輪廓看，真武閣聳立在江邊高臺上，三層歇山頂，閣身雖然不大，但真武閣每層樓的高度不一，斗拱各異，讓人看了頓生玄妙之感。柱、梁、枋、檁都一清二楚暴露在外面，功能很分明，一個個都很有生氣。從斗拱、柱子、梁架到雕刻裝飾，都體現出建築者的獨具匠心，如同一件精美的藝術品。

登閣遠望，青山巍峨雄姿清晰可見；俯瞰繡江，水天一色，波光粼粼，美妙景色盡收眼底，臺閣四周為公園，花木蔥蘢，翠竹婀娜。

自梁思成將其公之於世，無數專家、學者、遊客紛紛慕名前來研究、參觀真武閣。華南工學院教授、古建築學家龍慶忠題詞稱讚為「天南奇觀」；社會學家及人類學家費孝通題詞評價為「槓桿結構，巧奪天工」；著名教授商承祚題詞讚譽為「天南傑構」；美國教授勞倫斯．泰勒題詞稱讚說「這座建築展現了知識、科學、精神上的完美結合」。

趣味知識窗

登真武閣環顧四周，經略臺真武閣下有多個涼亭，有面面亭，有望江亭，特別是真武閣後方的景子銅鐘亭，裡面懸掛著一口大銅鐘，高一點八三公尺，身圍三點二五公尺，口徑一點零九公尺，重達三千五百斤，它是廣西目前最大的銅鐘，鑄造時間為唐貞元十二年（西元七九六年），比北京永樂大鐘還早三個朝代。此鐘原鑄於唐代容州開元寺內，該寺早毀，銅鐘歷經滄桑，倖存至今。景子銅鐘色澤光潤，造型渾厚莊重，鐘身浮雕的縱橫弦線條流暢，展現了古代高超的冶鑄技藝，也具於歷史研究和觀賞價值。

風月江天太白樓

太白樓特色：

為紀念詩仙李白而修建的樓

一樓分兩院，前為太白樓，後為太白祠，順坡而建

現辟為李白紀念堂，陳列著相關李白生平的各種展品上千件

李白是最偉大的詩人之一，在其死後，許多地方都建起太白樓，以緬懷詩仙遺跡，這其中，當推安徽馬鞍山市採石磯上的太白樓最為著名。

相傳，一次李白在洛陽的一面牆上讀得一首許宣平寫的詩：「隱居三十載，築室南山顛。靜夜玩明月，閒朝飲碧泉。樵夫歌壟上，榖鳥戲岩前。樂矣不知老，都忘甲子年。」李白讀罷，擊掌驚呼：「此仙人詩也。」遂來歙（ㄕㄜˋ音射）縣訪許宣平，幾經周折，卻與許翁失之交臂，雖遺憾不已，但來到西邊山麓，見山清水碧，風景宜人，陶醉不已，讚嘆不止，即興留下詩一首：「天臺國清寺，天下稱四絕。我來興唐遊，與中更無別……檻外一條溪，幾回流

碎月。」

在唐元和年間，人們還在採石磯為他修建了祠堂，那時，它就被稱為謫仙樓。宋代天聖年間重修，其後屢毀屢建。到明正統年間，廣濟寺僧人重建謫仙樓，將李白像立於樓上，自此，採石謫仙樓便成為文人墨客憑弔詩仙、尋覓詩魂的極好處所。

從外表上看，整個建築近似一個道觀，這是鑑於李白崇尚道教而苦心設計的。整體建築採用傳統的設計方式，飛檐重閣、歇山屋面、造型美觀、挺拔壯麗，由於是湘軍水師主帥彭玉麟所建，也就有典型的湖南建築風格。

和其他樓閣的建築風格不一樣，太白樓的一樓到二樓沒有藉助於樓梯，而藉助坡勢，依山就勢。從這個坡度上去以後到了太白祠，到太白祠後透過兩面的廊，就到了太白樓的二樓。遊廊又透過門洞，與兩側的耳房相連。這樣，整個太白樓的布局高低錯落，層次豐富、嚴謹而又富於變化。

若登上三樓推窗遠眺，但見長江如練，白帆點點，雲擁青山茫茫，綠樹出粉牆之嵌，國色集花園一隅；天門遠景，依稀可見；孤帆隱隱，碧空悠悠。再加上李白在此捉月騎鯨，千百年來引得許多文人墨客來此憑弔，尋幽探勝，文才風流，至今不絕。

縱觀眾多樓閣，為一個詩人而建的樓占的僅是少數，可見詩仙李白的才氣並非虛名。如今，太白樓現辟為李白紀念堂，陳列著相關李白生平的書籍和各種古字畫、古硯、古墨、古曆、古屏風等上千件文物展品。

滄海桑田，採石磯旁的長江滾滾，淘盡了多少往事，也只有李白冠於古今的詩才，狂放不羈的浪漫個性，伴隨著捉月騎鯨的傳說，在太白樓的角角落落彌漫，流傳久遠。

趣味知識窗

詩仙李白晚年居在採石磯附近的當塗縣，因為酷愛採石磯的山水，多次來此遊玩，流連忘返，寫下了不少名篇。關於李白之死有很多爭議。有人認為他病死當塗，有人說他是在採石磯醉酒捉月而死，相對來說，後者更加符合詩仙騎鯨上天的傳說。而宋代詩人梅堯臣則把李白騎鯨上天的傳說發揮到淋漓盡致的地步。他在一首詩中寫道：「採石月下聞謫仙，夜報錦袍坐釣船。醉中愛月江底懸，以手弄月身翻然。不應暴落饑蛟涎，便當騎鯨上青天。」這使李白身著錦袍，採石泛舟，醉中捉月落水，騎鯨上天的故事進一步完整化，並使悲劇染上了喜劇的色彩。

第四章　移步換景看園林

第四章　移步換景看園林

中華園林是世界園林之母，也是世界園林的頂峰。北方有大型皇家園林圓明園和頤和園，南方有私家園林拙政園和獅子林等。古典園林像一顆顆璀璨的珍珠鑲嵌在神州大地上，閃爍著文明的光芒，顯示出民族的智慧。中華園林是一種再造自然，是巧奪天工的傑作，是再造乾坤的壯舉，「雖有人作，宛若天成」是中華園林的偉大成就。古典園林集山水、建築、雕塑、繪畫為一體，是傳統文化的綜合表現。

園林之母拙政園

拙政園特色：

以山島、竹塢、松崗、曲水之趣，被勝譽為「天下園林之母」
吳門畫派代表人物之一的文徵明與園主交往甚密，拙政園是他創作的藍本
以水為主，將風景詩、山水畫與自然實景融為一體，
實為江南園林的典型代表

在江南古典園林中，最具大家氣質的莫過於蘇州的拙政園了。

拙政園位於蘇州市東北街一百七十八號，是江南園林的代表，也是蘇州園林中面積最大的古典山水園林，被譽為「天下園林之母」，四大名園之一。

然而，這樣一座聞名遐邇的古典園林卻有著曲折的歷史。明正德四年（西元一五〇九年），御史王獻臣受誣降職後歸隱蘇州，寄情於東北街一帶一塊二百餘畝的隙地，建起了一座私家花園，並取名「拙政園」。

不過，拙政園建成不久，王獻臣就去世了。園林傳到王獻臣不爭氣的兒子

手裡，其子好賭，被人在賭局中設下陷阱，結果一夜狂賭之後，輸的一乾二淨，將拙政園拱手交給徐家。曾經富甲一方的王家子女後來落魄到給別人當吹鼓手。四百多年來，拙政園屢換園主，曾一分為三，園名各異，或為私園，或為官府，或散為民居，直到一九五〇年，才完璧合一，恢復初名「拙政園」。

拙政園的中部是主景區，為精華所在。中部總體布局以水池為中心，亭臺樓榭皆臨水而建，有的亭榭則直出水中，具有江南水鄉的特色。

園中的每一個細節，每一個拐角，每一處空地都是一幅畫，而這一切都要感謝吳門畫派代表人物之一的文徵明。他與園主王獻臣交往甚密，園建成後，王氏經常邀其宴飲、賞遊，他對園中美景樂而忘返，拙政園成了他創作的藍本。根據文徵明在〈王氏拙政園記〉中的描述，一開始建造此園時，他就發覺這塊地並不太適合蓋相當多的建築，地質鬆軟，積水彌漫，而且濕氣很重。文徵明則以水為主體，輔以植栽，因地制宜設計出了各個景點，並將詩畫中的隱喻套進視覺層次中。他曾數次為拙政園作畫，其中比較有影響、流傳至今的《文待詔拙政園圖》集詩、書、畫於一體，各全其美，相互映發，堪稱精心傑作。文徵明當年親手種植的紫藤，歷經四百餘年，仍身姿矯健，綠蔭滿庭，被李根源先生稱為「蘇州三絕」之一。文徵明所作的〈千字文〉置放在西部水廊內，是文徵明八十歲時所作的蠅頭小楷，筆勢空靈飛動，書法高超，其藝術風格與拙政園的典雅特色似乎有著某些相同之處，名人名園，交相輝映。

拙政園，這一大觀園式的古典豪華園林，以其布局的山島、竹塢、松崗、曲水之趣，被勝譽為「天下園林之母」。它與承德避暑山莊、留園、北京頤和園齊名，也是四大名園之首、保護文物、特殊遊覽參觀點之一、世界文化遺產，迄今為止同時具備這四項桂冠的僅拙政園一家。

趣味知識窗

拙政園建成之後，幾易其主。康熙年間，《紅樓夢》的作者曹雪芹的祖父曹寅任蘇州織造（官名），織造衙門設在葑（ㄈㄥ，音風）門，而家眷則住在拙政園內。曹寅升遷江寧織造時，推薦內弟李煦接替，家眷住在園林內長達二三十年之久。據說，《紅樓夢》中許多場景都與拙政園的景色有相似之處。比如，《紅樓夢》中描寫的大觀園進門處的假山，就和蘭雪堂前的假山有相似之處。

皇家園林頤和園

頤和園特色：

現存最完整，規模最大的皇家園林，被譽為「皇家園林博物館」

是近代歷史的重要見證與諸多重大歷史事件的發生地

有仁壽宮、排雲殿、佛香閣、十七孔橋、玉帶橋等名勝景點，令人神往

北京的頤和園，集歷代皇家園林之大成，薈萃南北私家園林之精華，是現存最完整，規模最大的皇家園林。

頤和園位於山水清幽、景色秀麗的北京西北郊，園內分宮廷區、萬壽山和昆明湖三大部分。萬壽山原名翁山，相傳有一位老人在山麓曾挖出一個石翁，所以取名翁山。到了明朝嘉靖年間，古翁遺失了，但翁山這個名字卻一直流傳著。萬壽山景色非常優美，明代被喻為杭州西湖，稱為「西湖景」。由於這裡山清水秀，每至盛夏，十里荷花，香氣襲人，這樣的佳景不久就被皇帝看中而營造御苑。

乾隆十五年（西元一七五〇年），為籌備慶賀太后六十壽辰的名義，乾隆帝大興土木修建清漪園（清漪園即頤和園的前身），甕山改名「萬壽山」，甕山泊改名「昆明湖」。

碧波蕩漾的昆明湖平鋪在萬壽山南麓，約占全園面積的四分之三。西部是仿杭州蘇堤而建的西堤，將湖面分為東西兩半，西堤有六座橋梁，以玉帶橋最為有名，遠遠望去，如玉帶輕飄。據說，乾隆皇帝，慈禧太后都愛遊西堤。慈禧曾在這裡化裝成漁婆，命太監李蓮英扮成漁公，二人合影留念。

緊依萬壽山有一著名殿宇排雲殿。「排雲」二字出自晉朝詩人郭璞「神仙排雲出，但見金銀臺」的詩句。排雲殿比喻似在雲霧繚繞中的仙山瓊閣正排雲而出，神仙即將降臨。慈禧修頤和園時準備把排雲殿作為她的寢宮，但是在落成時，據說慈禧得了一場病，她考慮到排雲殿上邊就是佛香閣，佛門淨土，怕靠得太近觸怒了佛祖，才把樂壽堂建成了常年居住的寢宮，而排雲殿只是每年十月做壽時使用。

然而，也許是世人太過嫉妒這座園林的奢華，從建造開始就多災多難。一八六〇年，第二次鴉片戰爭的戰火將「三山五園」皆化為焦土，所有珍寶也被洗劫一空。一八八六年，清政府重修，並於兩年後改名「頤和園」，作為慈禧太后晚年的頤養之地。從此，頤和園成為晚清最高統治者在紫禁城之外最重要的政治和外交活動中心，是近代歷史的重要見證與諸多重大歷史事件的發生地。

作為清代政治活動的重要場所，頤和園記錄了宮廷生活的許多史實，反映出清王朝由盛到衰的歷史側面。環視周圍各處景點，雖然寓意繁豐，但表現著皇權與神權的至高無上，無一處不是悠久歷史的深厚累積，無一處不融合著民族文化的豐厚蘊涵。頤和園博採各地造園手法，既有北方山川的雄渾宏闊，又有江南水鄉的清麗婉約，並蓄帝王宮室的富麗堂皇和民間宅居的精巧別致，成為最著名的古典園林。

趣味知識窗

昆明湖的景色非常優美。慈禧重修頤和園後，昆明湖備有大小龍舟數艘，專供慈禧遊湖消夏。每次乘船至昆明湖時，她先到南湖島上的龍王廟拈香拜佛，以求龍王保佑她水上遊玩平安。尤其是夜遊昆明湖，根據季節的不同，在湖中放置大量的荷燈，並用荷燈組成不同的圖案，長廊和沿湖岸一線的石欄杆上都要掛上各種花燈。千萬盞燈籠上下輝映，人在湖中巡遊，觀賞園中夜景，長廊似飛龍展姿，湖面像龍宮放彩，十分有趣。

清行宮避暑山莊

避暑山莊特色：

清王朝的夏季行宮，具有極高的美學研究價值
保留著封建社會發展末期罕見的歷史遺跡
最大特色是山中有園，園中有山

西元一六八一年，清政府為加強對蒙古地方的管理，鞏固北部邊防，在距北京三百五十多公里的蒙古草原建立了木蘭圍場。為了解決皇帝沿途的吃、住，在北京至木蘭圍場之間，相繼修建二十一座行宮，熱河行宮——避暑山莊就是其中之一。

避暑山莊是清代皇帝夏天避暑和處理政務的場所。避暑山莊及周圍寺廟自康熙四十二年（西元一七〇三年）動工興建，至乾隆五十七年（西元一七九二年）竣工。

乾隆在這裡接見並宴賞過厄魯特蒙古杜爾伯特臺吉三車凌、土爾扈特臺吉

渥巴錫，以及西藏政教首領六世班禪等重要人物，還在此接見過以特使馬加爾尼為首的第一個英國訪華使團。清帝嘉慶、咸豐皆病逝於此。西元一八六〇年，英法聯軍進攻北京，清帝咸豐逃到避暑山莊避難，在這裡批准了《中俄北京條約》等幾個不平等條約，影響歷史進程的「辛酉政變」也發端於此。可以說，避暑山莊見證了清王朝的興盛和敗落。

避暑山莊的建築布局大體可分為宮殿區和苑景區兩大部分。宮殿區的萬壑松風還有一個特殊的來歷。據說，康熙帝經常在這裡接見官吏，批閱奏章，讀書寫字。西元一七二二年，康熙發現皇四子胤禛的第四子弘曆（後來的乾隆帝）聰明伶俐，十分喜愛，於是傳旨，命將弘曆送入宮中。這年的夏天，弘曆由父母帶領，隨祖父前往承德避暑山莊。康熙將避暑山莊的側堂「萬壑松風」賜給弘曆居住，平時進宴或批閱奏章，都要弘曆侍奉在旁，朝夕教誨。弘曆繼位後，將這座殿宇題名為「紀恩堂」。乾隆三十年（西元一七六五年），乾隆寫下〈避暑山莊紀恩堂記〉，紀念康熙皇帝對他的眷顧養育之恩。

在避暑山莊的東北部還有一處不得不提的景點。這是一座由十二座環列著的規模宏大、氣勢磅礴的寺廟，統稱「外八廟」。外八廟是為了順應蒙、藏等少數民族信奉喇嘛教的習俗而修建的，以達到清王朝「合內外之心，成鞏固之業」的政治目的。這些寺廟，建築精湛、風格各異，與避暑山莊古樸典雅的風格形成鮮明的對比。在此，不難看出，清代康乾兩帝之用心良苦。

與北京紫禁城相比，避暑山莊以樸素淡雅的山村野趣為格調，取自然山水之本色，吸收江南塞北之風光，成為現存占地最大的古代帝王宮苑。從西湖的蘇堤，到嘉興的煙雨樓；從鎮江的金山寺，到蘇州的滄浪亭；從寧波的天一閣，到泰山的碧霞祠……都在山莊留下了風姿神韻，北雄南秀，集於一園。避暑山莊非常完美的濃縮了地貌和地形，濃縮了清代的歷史。身在山莊，你就能了解到完整的清代興衰過程，更為讚嘆大地之美景。

趣味知識窗

康熙在避暑山莊中修了三十六景，用四個字題了三十六景，實際上他修了四十多個景，而為什麼題三十六景呢？原來三十六這個數字有著特殊的含義，道家講大天之下有三十六洞天，就是神仙住的地方。因此康熙皇帝修建避暑山莊的三十六處景觀，就是依附三十六洞天。此外，還有七十二福地，也是神仙住的地方。乾隆皇帝在他的詩中寫到：「已是洞天傳玉簡，得教福地續琅書。」意思是說：康熙已經修建了三十六洞天傳後，他要再修三十六景，以符合七十二福地這樣一個數字，寓意他們的環境猶如神仙一般。

吳下名園之留園

留園特色：

「小中見大，縮龍成寸」，一幅濃縮的山水畫

廳堂華麗，庭院精美，布局之合理，空間處理之巧妙，皆為諸園所莫及

齊集太湖石「瘦、皺、漏、透」四奇於一身的冠雲峰是留園的鎮園之寶

留園是四大古典園林之一，也是蘇州園林中不可缺少的一分子。最後的狀元俞樾（ㄩㄝˋ，音月）在〈留園記〉中稱留園為「吳下名園之冠」。

留園是明萬曆年間太僕徐泰建造的私家花園，原稱東園。徐泰時曾任工部營繕郎中，參與營造萬曆帝的壽宮，即十三陵中的定陵。清嘉慶時劉恕對東園又進行了改建，園隨主姓，更名「劉園」，雅稱「寒碧莊」。同治年間盛旭人（其兒子即盛宣懷，清著名企業家、政治家，南洋公學創始人）購得，重加擴建，修葺一新。由於該園屢經戰亂卻幸得保留，又因園內景色十分美麗，新主人洋洋自得：「豈非造物者留此名園以待賢者乎。」遂取「劉」的諧音，便有了如今詩

意的名字「留園」，喻此園可長留天地之意。雖一字之差，卻折射了留園的歷史變遷和新主人的美好願望。

留園占地僅三十餘畝，但方寸之地卻綜合了江南造園藝術之眾長，在吳中巧匠的精心構築之下，集住宅、祠堂、家庵、園林於一身，大小、曲直、明暗、高低、收放等變化在此盡顯。有人讚譽蘇州古典園林藝術魅力的時候，以「小中見大，縮龍成寸」加以概括，留園實在是「縮龍成寸」的一個築園藝術的絕佳典範。

留園主要有四個部分：中部以水景見長，是全園的精華所在；東部以曲院迴廊的建築取勝，有著名的佳晴雨快魚之廳、還我讀書處、冠雲臺、冠雲樓等十數處齋、軒，院內池後立有三座石峰，居中者為名石冠雲峰，兩旁為瑞雲岫雲兩峰；北部具農村風光，並有新辟盆景園；西區則是全園最高處，有野趣，以假山為奇，土石相間，堆砌自然。

留園內的冠雲峰乃太湖石中絕品，齊集太湖石「瘦、皺、漏、透」四奇於一身，相傳這塊奇石還是宋末年花石綱中的遺物。這裡還有一個故事。北宋末年，北面戰事吃緊，金兵壓境，但宋徽宗卻在東京城內大興土木，建造「延福宮」、「萬壽山」。他下令在全國範圍內徵集奇花異石，誇口要搜羅天下珍品於宮廷之中。此舉並無大礙，但下屬在執行命令時卻有悖聖意，搜刮民宅，上門搶奪，引起了民憤。不久，北宋政權由於國庫空虛、民不聊生終於為金所滅，徽宗自己也做了俘虜。冠雲峰就是未來得及運的花石綱的遺物。

喜歡遊山玩水的人，遊覽過留園後，會感覺意猶未盡，但細細品味，又覺意味深長。留園很小，但小得很精緻，拐彎抹角之中，竹影搖擺之間頗覺庭院深深，院中遍堆湖石假山，牆上開有精緻雕花小窗，窗洞數尺之外與粉牆陪襯，粉牆前以簡練的技法將幾許青竹和湖石點綴其間，成了別具一格的寫意畫。

趣味知識窗

留園的五峰仙館內保存有一件大理石天然畫「魚化石」，只見一面大理石立屏立於牆邊，石表面中間部分隱隱約約群山環抱，懸壁重疊，下部流水潺潺，瀑布飛懸，上部流雲婀娜，正中上方，一輪白白的圓斑，就像一輪太陽或者一輪明月，這是自然形成的一幅山水畫。據說，這塊直徑一公尺左右的大理石出產於雲南點蒼山山中，厚度也僅有十五公分。令人奇怪的是，這麼大尺寸的一塊大理石是如何完好無損從相距千里之外的雲南運到這個江南蘇州的，至今仍是一個謎。

晚清第一園何園

何園特色：

吸收皇家園林和江南私宅庭園之長，又兼具西方建築特色，堪稱「江南園林中的孤例」

冠蓋造園藝術的四個「天下第一」，即「天下第一廊」之複道迴廊，「天下第一窗」之花窗，「天下第一亭」之水心亭，「天下第一山」之疊石假山

揚州城有一著名園林——何園。何園，原名「寄嘯山莊」，是揚州私家園林中的壓軸之作。當代古建園林專家潘谷西、羅哲文、陳從周等都對何園獨特的造園手法倍加讚譽，稱它為「江南園林中的孤例」。羅哲文先生還專門為何園題詞「晚清第一園」。

何園由清光緒年間曾任清政府駐法國公使的何芷舠（ㄉㄠ，音刀）所造，是清乾隆年間雙槐園的舊址。光緒九年（一八八三年），園主歸隱揚州後，購得吳

氏片石山房舊址，擴入園林。園主將西方建築特色帶回了文明古國，並吸收皇家園林和江南諸家私宅庭園之長，又廣泛使用新材料，使該園吸取眾家園林之經驗而有所出新。

複道迴廊是何園建築的一大特色，全長四百三十公尺，並把整個後花園的主要景點和玉繡樓貫穿起來。它分上下兩層，形成立體面，起到分離客流的作用。可見，三百多年前，我們的祖先就有建造立體交通的構思。漫步複廊裡欣賞全園美景，還可以觀賞到水心亭上的戲曲表演，即使在下雨天，也能免遭淋雨之苦，從這一點可以看出構園者用心良苦，獨具匠心，被譽為「立交橋雛形」，也被稱為「天下第一廊」。複道迴廊南面有一幢重檐歇山頂建築便是「賞月樓」，這裡是主人母親居住的地方。

西園樓臺極富層次，在水池北面，有上下兩層的七楹樓房，中間三間稍突，兩側兩間稍斂，歇山頂式建築四角昂翹，就像振翅起舞的蝴蝶，我們稱之為「蝴蝶廳」。這裡原為園主人接待宴請賓客之處，所以也稱「宴廳」。這些廳堂一個個都裝扮得極為富麗，廳內壁上雕刻有歷代名碑字畫：如蘇東坡的竹，鄭板橋的蘭，唐寅的花鳥，曹操的詩等，雕刻面積達一百四十平方公尺。

西園以水地居中，空間開闊，四面設景，水池中央有一座著名的「水心亭」。此亭是為了巧用水面和環園走廊的回聲，增強其音響的共鳴效果而建，供園主人觀賞戲曲、歌舞和「夏日招涼」之用。這種水心方亭，在揚州園林中稱作「小方壺」，「方壺」即海中仙山。因此，水心亭也被稱為「天下第一亭」。電影《紅樓夢》、《畢昇》，電視連續劇《青青河邊草》等影視劇都把它作為拍攝的場景。

在何園之南，緊緊毗鄰一個規模不大的園林，名叫「片石山房」。相傳片石山房的「鏡花水月」假山石出自石濤和尚之手，現在可算是石濤疊石的「人間孤本」了，被稱為「天下第一山」。

回過頭來看何園，你會發現宛如走進一幅旖旎畫卷：上有串樓，下有迴廊，曲折迴旋，層層疊疊，把局部美和群體美巧妙連成一個整體，真可謂別具創新啊！

趣味知識窗

很多人有所不知的是，片石山房最初的主人石濤是明朝沒落的皇家第九世孫。他目睹國破家亡，心情悲憤，給自己取別號為苦瓜和尚，在詩、書、畫、園林疊石方面頗有造詣。在片石山房內，他親手栽了兩棵槐樹，至今仍存一棵，因此又稱為「雙槐園」。可笑的是，片石山房曾多次以低價出售而未果，原因就出在園內的兩棵槐樹上。古人認為「槐」這個字極不吉利，因為棺材是木頭做的，人走近木就變成鬼了。何芷舠看中了其中的假山的藝術價值，買了下來。恰恰是這一不被看好的房子，卻成了何園的點睛之筆。

小巧玲瓏之個園

個園特色：

以竹為園，竹是個園的精魄、靈魂

用疊石藝術在一個園子裡同時營造出

春、夏、秋、冬四季的景色，是為奇觀

小巧玲瓏，典雅別致，是造園藝術中，小中見大、借景的典範

江南的商人，做鹽的居多，發財的也多。他們發了財後，往往喜愛擇一佳處，建築園林，作為自己的休憩陶冶身心之地，清朝嘉慶年間的兩淮鹽業商總黃至筠便是其中之一。他在明代「壽芝園」的舊址上造了個新園子，就是個園。

很多人都好奇為什麼稱之為「個園」？其實，個園的名字與園主相關。園主愛竹，園內遍植竹子，因為竹子頂部的每三片竹葉都可以形成「個」字，在白牆上的影子也是「個」字，故以「個園」名之。竹是古代文人喜歡歌頌和表現的題材，認為它是清高、有節氣的象徵，簡單明瞭的「個園」二字把主人的情趣和心

智都蘊含在裡面了。

個園不大，可謂是小巧玲瓏，典雅別致，是造園藝術中，小中見大、借景的典範。置於園中，你都不敢輕易邁步，稍有疏忽，一個精緻的景色就錯過了。

竹是個園的精魄，個園的靈魂。遊個園，第一要觀竹。黃至筠愛竹，並在園內種竹萬竿。

個園最大的特色是在一個園子裡同時營造出春、夏、秋、冬四季的景色來。這就不得不提個園的疊石藝術。造園工匠們選用褐黃石、太湖石、雪石和狀如竹筍的石筍，疊成四組假山，表現春夏秋冬四季景色，稱為四季假山。春景，在竹叢中選用石筍插於其間，取雨後春筍之意。夏景，是在濃蔭環抱的荷花池畔，疊以湖石，使人感到仲夏的氣息。人們稱讚這一組假山疊得好，說它是「夏山蒼翠而如滴」。表現秋景的是坐西朝東的黃山石，這座假山疊得最好，也最高大，登山四望，使人有秋高氣爽之感。冬景是用白色的雪石堆砌，象徵隆冬白雪。

個園中每一處建築都各具特色。就拿透風漏月亭來說，從「透風漏月」的名字就可以知道這裡曾經的風雅。廳內的傢俱紋飾為竹葉形，陳設的花卉是蘭花，東西的牆壁上懸掛著昆曲知識介紹的資料以及經典昆曲演出的劇照。據說黃至筠最喜愛在此廳圍爐賞雪，雖然我們無法揣摩他當初在風清月明之夜的心境，但可以想像的是這裡一定蕩漾過絲竹悠揚的曲調。因為園主黃至筠當年蓄養的家庭戲班，規模大、設施精，在清代曾名聞遐邇。他家蓄養的私人戲班多達兩三百人，服裝行頭價值白銀二三十萬，個園作為揚州園林的經典佳構，和昆曲也有著深厚的歷史淵源，也算是昆曲的知音了。

個園用實實在在的石頭，結合水池、花木、建築等要素，加之巧奪天工的疊造，重新塑造了山水審美形象，體現了揚州園林的特色和風格。玲瓏、考究、樸質的園子露出鹽商富甲一方的奢華味道，同時又四處蔓延著多年無法退卻的文化底蘊和人生態度。

趣味知識窗

園主黃至筠雖是個商人，卻非常重視子女的教育，不惜重金聘名師教子，每天還親自督查，二十年如一日，從未間斷。有一天，揚州的一位名士在黃家與錫慶（長子）的老師談話，偶然涉及到《漢書》，這位名士有些不解的地方。

老師指著錫慶對他說：「伊尚熟悉」要錫慶回答，錫慶起立，背誦如流，解釋詳盡。這位名士出來後對人說：「黃氏有佳兒，勿輕之也！」黃至筠的四個兒子都有深厚的文學造詣，而且都有著作留傳於世。尤為突出的是次子黃奭，在古書輯佚方面頗有建樹，著有《漢學堂叢書》等十餘部學術著作，名字也被載入史冊。

城市山林滄浪亭

滄浪亭特色：

尚未入園，便是一灣溪水緩緩而流，水在園外，可謂獨樹一幟

一百零八花式漏窗，圖案花紋變化多端，無一雷同，構作精巧，堪稱一絕

無數名人詩篇和石刻藏於園中，成為其深厚的文化累積

在蘇州眾多的古典園林中，滄浪亭古樸沉靜，沒有一絲的浮華氣息。它和獅子林、拙政園、留園被列為蘇州宋、元、明、清四大園林，是蘇州現在歷史最久的園林，景色自然，建築樸實簡雅，為典型的城市山林。

走在滄浪亭中，野趣盎然的自然景觀和累積深厚的人文內容，令人頻起思古之幽情。這也大概和它的滄桑歷史相關。

滄浪亭原為北宋詩人蘇舜欽的私家園林，始建於北宋慶曆五年（西元一〇四五年）。當時，蘇舜欽被貶官之後，以四萬貫錢買下廢園，進行修築，傍水造亭，因感於「滄浪之水清兮，可以濯吾纓；滄浪之水濁兮，可以濯吾足」而

題名「滄浪亭」，自號滄浪翁，並作〈滄浪亭記〉。歐陽修應邀作〈滄浪亭〉長詩，詩中以「清風明月本無價，可惜只賣四萬錢」題詠此事。蘇舜欽藉其句作「清風明月本無價，近水遠山皆有情」。自此，「滄浪亭」名聲大振。

當你來到滄浪亭，人在園外，即已感受到園林景色：滄浪之水，縈回圍繞，亭臺水榭，倒影歷歷。滄浪亭的特別之處在於以水環園。通常的古典園林都是水在園中，以水設景，而這裡卻是水在園外，可謂獨樹一幟。

明道堂是園中最大的主體建築，面闊三間，取「觀聽無邪，則道以明」意為堂名，為明、清兩代文人講學之所。

滄浪亭有各式各樣的窗，單就漏窗的花紋圖案來說，全園共有一百零八式，圖案花紋變化式端，無一雷同，構作精巧，環山就有五十九個，在蘇州古典水宅園中獨樹一幟。

滄浪園中最著名的建築是五百名賢祠。祠內有隸書「作之君，作之師」句，表示對先賢的敬仰之意。祠中三麵粉壁上嵌五百九十四幅與蘇州歷史相關的人物平雕石像，為清代名家顧汀舟所刻。五百名賢只是取其整數而言。每五幅像合刻一石，上面刻傳贊四句，從中可知這些古賢的概況，他們是從春秋至清朝約兩千五百年間與蘇州歷史相關的人物。名賢中的絕大部分是吳人，也有外地來蘇為官的名宦。名賢像多數臨自古冊，也有的來自名賢後裔，具有重要的文獻價值。

如今，滄浪亭已走過千年歷史，無論是園主還是活動在園中的人（大多是當時的名人文士），如宋代的蘇舜欽、歐陽修、明代的文徵明、清代的林則徐等，他們除了留下大量的詩文外，還用石刻這一特殊的方式記錄下了當時的一些生活情景，構成了一幅幅生動的畫面。滄浪亭以一園之限，匯聚眾多石刻圖碑，堪稱石刻圖碑之冠。現置身於名賢祠南廊東壁的光緒年間的僧人濟航所繪的《滄浪補柳圖詠》置於翠玲瓏北廊，系道光中朝所刻，有陶澍、林則徐等人題詞的《生公石上論詩圖》；置於仰止亭南壁有陶澍所作序詠，刻於光緒年間的《五老圖》等都是十分難得的石刻作品，使得園子充滿了濃厚的文化氣息和審美情趣。

一座園子，只有賦予很豐富的人格精神和文化底蘊才會有生命，才能青春永駐。

趣味知識窗

滄浪亭裡有一棵老樸樹，樹齡有兩百餘年，長於溪岸，岸邊黃石駁起，老根盤曲，有天然之氣。古時江南一帶的庭院盛行種植「前櫸後樸」，「櫸」和「舉」諧音，有中舉之意，且櫸樹樹質堅硬，是棟梁之材。樸樹樹質軟次於櫸樹，但生長力頑強，樹冠婆娑，寓意只要勤儉樸素，治家有方，也能過上小康生活。「前櫸後朴」已成為蘇州地方風情之物。

假山王國獅子林

獅子林特色：

獅子林假山是園林大規模假山的僅存者，具有重要的歷史價值和藝術價值

與宗教禪學淵源頗深，是一座禪宗寺廟園林

乾隆皇帝對其厚愛有加，六下江南，五次前來參觀，留下諸多墨蹟

獅子林為蘇州四大名園之一，至今已有六百五十多年的歷史。它與拙政園為鄰，但風格迥異，獅子林的假山是古典園林中堆山最曲折，最複雜的實例之一，以「假山王國」著稱於世。

對於獅子林，後人總是毀譽參半，因為它有點偏離常規，和江南傳統園林建築設計相比有些異類。清代學者俞樾讚譽獅子林「五複五反看不足，九上九下游未全」。但清人沈三白不以為然，在他的《浮生六記》中說獅子林「以大勢觀之，競岡亂堆煤渣」、「全無山林氣勢」。

獅子林建於元代，高僧天如禪師為紀念其授業恩師中峰禪師建菩提正宗

寺。因園內「林有竹萬固，竹下多怪石，狀如狻猊（獅子）者」，又因中峰禪師曾倡道天目山獅子岩，取佛書「獅子吼」之意，易名為獅子林。明洪武六年（西元一三七三年），大書畫家倪瓚（號雲林）途經蘇州，曾參與造園，並題詩作畫（繪有《獅子林圖》），使獅子林名聲大振，成為佛家講經說法和文人賦詩作畫之勝地。一九一七年，上海顏料鉅賈貝潤生（世界著名建築大師貝聿銘的叔祖父）購得獅子林，花八十萬銀元，用了將近七年的時間整修，新增了部分景點，並冠以「獅子林」舊名，獅子林一時冠蓋蘇城。獨立後，貝氏後人將園捐獻給國家，於一九五四年對群眾開放。

至此，獅子林幾經興衰變化，寺、園、宅分而又合，傳統造園手法與佛教思想相互融合，以及近代貝氏家族把西洋造園手法和家祠引入園中，使其成為融禪宗之理、園林之樂於一體的寺廟園林。

和其他園林有所不同，獅子林是禪宗寺廟園林，它的建立就是為了紀念高僧而存在的，更何況，獅子林本身即是一個宗教用語。因此，獅子林的建築題名全都寓以禪宗特色。即便獅子林成為私家園林，這些建築重建後，題名依然不改，可見獅子林是禪宗與園林相互影響的一個詳細例證。

乾隆皇帝與獅子林的深厚淵源。乾隆皇帝一生六下江南，曾五次遊覽獅子林，並留下大量題字和「御制詩」。西元一七六五年，獅子林已歸黃祖興所有。乾隆遊獅子林後（時稱涉園），題下「真趣」匾額，又作「遊獅子林即景雜詠」七絕三首、七律一首，回京後在頤和園和承德避暑山莊各興建一座獅子林。真趣園的名稱還有一個故事。據說，乾隆皇帝遊園，狀元黃熙接駕，見乾隆題「真有趣」三個字，覺得其中的「有」字太俗，便請皇上恩賜「有」字，而留下了「真趣」二字。亭上有「秀才帽」的裝飾，寓意深遠，有道是「秀才本是宰相根苗」，要成為狀元首先要從秀才做起。園主意在教育子孫後代發奮學習，期望有朝一日金榜題名，得中功名，正所謂「高樓萬丈平地起」。這個道理在今天同樣適用。

回過頭來仔細回憶你所看到的園林，發現眼前是一幅幅連續的畫卷，沒有起點，也沒有終點，這種布局在江南古典園林中極為罕見，難怪皇帝那麼鍾情於它。

趣味知識窗

獅子林的假山疊石很多，很美，也很奇特。立雪堂的庭院中有三塊湖石形狀分別像牛、螃蟹和獅子。牛想吃螃蟹，不知從何處下口，螃蟹是張牙舞爪，毫不示弱，而獅子則在旁邊好奇靜觀，這一組湖石十分有趣，形態自然，回味無窮。它的名稱叫做「獅子靜觀牛吃蟹」。

帝王宮苑看煦園

煦園特色：

歷時六百多年，歷經四個朝代更迭，被譽為「四朝勝跡」
全以水為中心，以水取景，仿木石舫已成為煦園的標誌
文物頗多，孫中山就任臨時大總統的舊址以及起居室便在其中

南京煦園原來是江南的帝王宮苑，六百多年前明成祖朱棣封次子朱高煦為漢王，在此建府造園，以朱高煦名中的「煦」字取其名謂「煦園」。

清朝時期，在此設兩江總督衙門，東側為江寧織造署，煦園成為兩江總督署花園。康熙六次南巡，其中五次住在江寧織造署。太平天國建天朝宮殿時予以擴建，成為天王府御花園，因花園位於宮殿西側，故稱「西花園」，與東花園相對稱。一八五三年，太平天國在南京建都，天王洪秀全又在這裡擴建天朝宮殿——天王府。於是，這裡成了洪秀全領導太平天國革命運動的中心。

一八六六年，太平天國失敗後，天京陷落，天王府被搶劫一空。當時攻打

南京的湘軍，為掩蓋掠奪的罪行，竟然放火焚燒了天王府，使這座華麗的宮殿化為灰燼。今天，我們能看到的是僅存的天王府內城部分和西花園。一九一二年一月一日，孫中山於煦園暖閣宣誓就任臨時大總統，中華民國臨時政府成立，孫中山的臨時大總統辦公室和起居室就在煦園內。因此，煦園被譽為「四朝勝跡」。

煦園內最大的建築桐音館，其建築材料都用桐木，是曾國藩的花廳。也有人說桐音館是當年洪秀全與部下商議國事的地方，桐音館的名字是取「上下同心，異口同聲」的意思，看似有理，但洪秀全當天王時桐音館八字還沒有一撇。在桐音館北面的一組假山群中，有一塊石碑，上有道光皇帝御筆「印心石室」四個大字。據說當年的兩江總督秦澍（ㄕㄨˋ，音樹）少時家貧，卻整天坐在溪流中的大石塊上專心研讀，後來終於功成名就。道光皇帝有感於他潛心鑽研的精神，賜「印心石室」四字，用來勉勵後人。

依閣南望，水天相映，只見一艘長十四點五公尺的仿木石舫橫泊水中。石舫為清代兩江總督尹繼善於乾隆十一年（西元一七四六年）建造。據說，洪秀全死後，為了屍體不被人發現，就埋在石舫下面，但曾國荃攻下南京後，還是把屍體挖出示眾，上演了一幕人間慘劇。石舫上的「不系舟」匾額還是當年乾隆皇帝南巡時所題。「不系舟」三字語帶雙關，在乾隆眼中，這個形似橫臥花瓶的水池充盈的是天下百姓，而水上所載的石舫乃指清朝江山。乾隆皇帝題寫「不系舟」三個字，是希望天下臣民安居樂業，大清江山天下太平，國祚綿長，就如那不系舟堅如磐石，穩如泰山，因此也有人把煦園稱作「不系舟」。

煦園與皇室園林相比微不足道，與江南私家園林相論也只是中等規模，卻飽經滄桑。近百年來，它曾做過洪秀全的天王府和孫中山臨時大總統辦公處，而成為中國近代革命史跡之冠。這裡，還曾作為蔣中正的國民政府所在地。不大的園子，卻和這麼多的政治事件相關，在江南私家古典園林中是絕無僅有的。

趣味知識窗

煦園遊廊的盡頭有一塊非常著名的碑，是清末著名學者俞樾所書的〈楓橋夜泊〉詩碑。據說是從蘇州寒山寺中移來的。在詩碑中俞樾告訴人們，唐代詩人張繼〈楓橋夜泊〉詩中「江楓漁火對愁眠」句中的「江楓」實為「江春」，是後人誤傳為「江楓」。此碑並非真品，是汪偽時期考試院院長江亢虎附庸風雅，讓人仿照蘇州寒山寺內的古碑複製的，與原碑十分相似，堪稱是「姐妹碑」。古詩文詠景強調的是一種意境，月落烏啼，江村漁火，城外寒山，夜半鐘聲，在煦園是很容易尋得到的。

第四章　移步換景看園林

第五章　寺廟文明予平和

第五章　寺廟文明予平和

寺廟是中國的藝術瑰寶庫，它是悠久歷史文化的象徵。寺廟文化完整保存了各個朝代的歷史文物，謂之「歷史文物的保險庫」，乃當之不愧。寺廟建築與傳統宮殿建築形式相結合，具有鮮明民族風格和民俗特色。同時，寺廟文化已融入到我們生活的各個方面：如天文、地理、建築、繪畫、書法、雕刻、音樂、舞蹈、文物、廟會、民俗等等，各地一年一度的廟會如火如荼，不僅豐富了各地的文化氛圍，同時促進了地方旅遊業的發展。

空中樓閣懸空寺

懸空寺特色：

整座寺院上載危崖，下臨深谷，樓閣懸空，結構巧奇

建築特色可以概括為「奇、懸、巧」

是僅存的一座佛、道、儒三教合一的寺廟

「上有千丈崖，下有萬仞山。伸手拂明月，袖帶白雲還。」、「懸空寺，半山高，三根馬尾空中吊。」這個被古代遊人驚嘆的巧奪天工的建築精品——懸空寺，是僅存的一座佛、道、儒三教合一的寺廟。

懸空寺，始建於一千四百多年前的北魏王朝後期。北魏王朝將道家的道壇從平城（今大同）南移到此，古代工匠根據道家「不聞雞鳴犬吠之聲」的要求建設了懸空寺，其建築特色可以概括為「奇、懸、巧」三個字。

懸空寺的建築因地制宜，充分利用峭壁的自然狀態布置和建造寺廟各部分建築，將其設計得非常精巧。

表面看上去，支撐這空中樓閣的就是十幾根碗口粗的木柱，其實有的木柱根本不受力。據說在懸空寺建成時，其實沒有這些木柱的，只是人們看見懸空寺似乎沒有任何支撐，害怕走上去寺會掉下來，為了讓人們放心，所以在寺底下加裝了木柱。而真正的重心撐在堅硬岩石裡，岩石鑿成了形似直角梯形的樣子，然後插入飛梁，使其與直角梯形銳角部分充分接近，利用力學原理半插飛梁為基。可別小看了這些木料，懸空寺飛梁所用的木料是當地的特產鐵杉木加工而成的，據說用桐油浸過，所以不怕白蟻咬，也有防腐的作用，所以懸空寺千年不倒也並非奇蹟，而是古代人們智慧的結晶。

關於這些支撐著懸空寺的木柱，民間一直流傳著這樣一種說法：懸空寺的木柱都是通人性的。如果你是壞人，那麼木柱就會搖搖晃晃將你拋下懸崖；如果你是好人，木柱就會保佑你的平安。而這些說法，據說都和大清順治皇帝相關。順治皇帝自愛妃董小宛死後，覺得人生無常，就對榮華富貴心灰意冷，一氣之下，落髮出家，到五臺山當了和尚。而董小宛的情人聽說她死在順治帝宮中後，便把小宛的死歸罪於順治帝。他打聽到順治帝的下落後，便一下就追到了五臺山的懸空寺。在寺中，他見到順治帝後便一拳打過去，順治帝立刻身子一軟，癱倒在地，結果那人的拳頭剛好打在一根柱子上。這下不要緊，只見那根柱子的柱腳離開了下面的岩石，在空中搖搖晃晃，棧道也隨著劇烈顫動，像要倒塌一樣。那人見此情景，立刻縱身跳到安全地帶，然後下到峽谷尋找順治帝的屍體。哪知等了半天，懸空寺仍在半空懸著，而順治帝則早在眾僧的幫助下化險為夷。

正是這樣兼具包容、奇險的懸空寺，自古以來成為歷代文人墨客嚮往之處。古代詩人形象的讚嘆：「飛閣丹崖上，白雲幾度封，蜃樓疑海上，鳥到沒雲中。」唐開元二十三年（西元七三五年），詩仙李白遊覽後，在岩壁上寫下了「壯觀」二個大字。明崇禎六年（西元一六三三年），徐霞客遊歷到此，稱之為「天下巨觀」。

如果你有機會登臨懸空寺，攀懸梯，跨飛棧，穿石窟，鑽天窗，走屋脊，步曲廊，忽上忽下，左右迴旋，會讓你感覺如置身於九天宮闕，猶如騰雲皈夢。這樣的境界又豈能錯過？

趣味知識窗

在懸空寺的東南角有兩口井，而井裡的水分別是苦澀和甘甜的味道。《恆山志》上有這樣的記載：「不三尺地，獲雙穴，甘苦殊。」便是指的這兩口奇異的苦甜井。如今，人們凡是走到苦甜井旁，都會情不自禁喝幾口甜井裡的水，而對那口苦井呢，只是不屑看上一眼而已。奇怪的是，儘管那麼多人喝這口甜井裡的水，井裡的水還是那樣多，從沒有乾過。

天下名剎少林寺

少林寺特色：

天下第一名剎，被奉為佛教的禪宗祖庭少林武術的發源地

少林「三奇」，天下獨有

天下第一名剎的少林寺，禪宗祖庭，是少林武術的發源地。因其坐落在河南省登封市中嶽嵩山的腹地，少室山下的茂密叢林中，所以取名「少林寺」。

北魏太和十九年（西元四九五年）孝文帝為安頓印度高僧跋陀落跡傳教而依山敕建少林寺。相傳選在嵩山建少林寺，還有一個美麗的傳說。據說跋陀因不樂意住在洛陽城的寺廟裡，就到離洛陽城不遠的嵩山去遊玩相看，想再選一個幽靜的地方建立一個寺廟。剛好走到山腰，突然看見前面不遠處靠西的一個地方金光閃閃，飛出一龍一鳳，便覺這是一塊風水寶地。

然而，既然少林寺是北魏孝文帝為跋陀而建造的，為什麼跋陀不是公認的禪宗初祖呢？原來跋陀雖然開創了少林一派，但只承傳了小乘佛法，而不是大

乘佛法。真正的少林禪宗始祖是釋迦牟尼大弟子摩訶迦葉的第二十八代佛徒達摩。達摩開創了佛教禪宗，被尊為初祖。故此，少林寺也被奉為佛教的禪宗祖庭。

少林寺還值得一提的是它的「三奇」，這就是「伸腿佛」、「沒鼻鐘」和「迷魂塔」。在寺院裡，釋迦牟尼的塑像一般都是結跏趺（ㄐㄧㄚ　ㄈㄨ，音家夫）坐，顯出一種清淨淡薄的宗教意蘊，而少林寺院大雄殿內的釋迦牟尼塑像卻垂膝而坐，呈武相姿勢，這大概與少林寺崇尚武術不無關係，此為一奇；第二奇是寺院鐘樓下的大鐵鐘，高二點一公尺，重五千五百公斤，它的奇特之處在於它的構造，即鐘身與鐘鼻鑄造時是分開的。有人說，這是因為鐵鐘體重，鐘鼻是後來配上去的，既保持鐘體壽命，又提高鐵鐘音質；第三奇便是有「迷魂塔」之稱的塔林。少林寺塔林是最大的塔林，面積一萬四千多平方公尺，這裡建有唐貞元七年（西元七九一年）到清嘉慶八年（一八〇三年）間少林寺歷代僧人的磚石塔群。這些墓塔在十五公尺以下，高低不等，大小不一，造型千姿百態，據說數目多得數不清。

說到少林寺，大家最直接的聯想便是「少林武功」。「中國功夫驚天下，天下功夫出少林。」這句話道出了少林武術的源遠流長、博大精深。唐初，少林寺十三僧人因助秦王李世民討伐王世充有功，受到唐朝封賞，而被特別認可設立常備僧兵。這就是少林寺內「十三棍僧救唐王」壁畫故事的出典。從此，少林禪宗和武功聲名大振，香火鼎盛。少林武術作為一種人文文化現象，作為一種人體形態文化，已成為中華文化的寶貴遺產，其中「禪」是提高功夫的重要依據。

今天，少林寺已經走過了一千五百多年，無論是歷史的見證還是歲月的痕跡，在它身上都表露無遺。少林禪學博大精深，少林武功發揚光大，少林寺前的遊人絡繹不絕，而少林寺永遠以一幅寧靜致遠、與世無爭和佛法無邊的姿態展示在世人面前。

趣味知識窗

現在，少林寺的武僧還有一個不成文的規定：那就是不允許在寺廟山門前比武。這又是為什麼呢？這和武松相關。武松在景陽岡打死老虎後，便到了少林寺習武學藝，不巧便碰到了一個日本武士來挑釁。武松不甘示弱，便和日本武士打了起來，打了五十個回合後終將日本武士擊倒在地。眾寺僧拍手叫好，而方丈卻從此定下「不准在山門前比武」的規矩。原來，方丈覺得練武原本是為了強健身體，而不是為了爭強好鬥。如果不加以約束，便會成為後學者用以炫耀或爭強好勝的工具，倘若如此，少林將永無安寧之日。也正是這一禁令，為少林換得了難得的清靜與和諧。

千年古寺潭柘寺

潭柘寺特色：

千年古寺，有「先有潭柘，後有幽州」的說法
皇家風格建築，鼎盛時期的清代有房九百九十九間半
潭柘四寶，訴說著千年的傳說
潭柘十景，一年四季各不相同，令人神往

在北京西郊門頭溝區東南部的潭柘（ㄓㄜˋ，音這）山麓，有一座潭柘寺，因廟後有龍潭，廟前有柘樹，故得其名。因其歷史悠久，是北京地區最早修建的一座佛教寺廟，史料中曾有「先有潭柘，後有幽州」的說法。

潭柘寺，初名「嘉福寺」。然而，它的寺齡到底有多長，卻眾多紛紜。有人說潭柘寺建寺有一千六百八十年或一千七百年的歷史，也有人說確切的時間是一千六百九十六年，不管這個時間準確與否，潭柘寺建寺有一千七百年左右的歷史是準確無疑的。

清代的潭柘寺是最為興盛的時期，已經具備今天所見的規模。北京城的故宮有房九千九百九十九間半，潭柘寺在鼎盛時期的清代有房九百九十九間半，儼然故宮的縮影，據說明朝初期修建紫禁城時，就是仿照潭柘寺而建成的。

走進潭柘寺，你會發現它的建築充分體現了古建築的美學原則，以一條中軸線縱貫當中，左右兩側基本對稱，使整個建築群顯得規矩、嚴整、主次分明、層次清晰。殿宇巍峨、庭院清幽，殿、堂、壇、室各具特色，樓、閣、亭、齋景色超凡，古樹名木、鮮花翠竹遍布寺中，假山疊翠、曲水流觴相映成趣，紅牆碧瓦、飛檐翹角掩映在輕鬆翠柏之中，殿堂整齊、莊嚴宏偉。已故佛教協會會長趙朴初先生曾寫聯讚曰：「氣攝太行半，地辟幽州先。」

潭柘寺之所以有名，除了它是清代的皇家寺院外，還因為它有四件寶物。這四件寶物為：一是被稱為潭柘寺的開山祖師華嚴禪師的畫像；二是原三聖殿西供奉的藥師佛像；三是大雄寶殿裡的兩根「自由柱」；四是龍王殿檐下掛著的石魚。然而，遺憾的是，潭柘寺的四寶，人們現在只能看到石魚了。

石魚現懸掛在龍王殿廊檐下，長一點七公尺，重一百五十公斤，看似銅，實為石，擊之可發五音，傳說是南海龍宮之寶，龍王送給玉帝，後來人間大旱，玉帝送給潭柘寺消災。一夜大風雨時，石魚從天而降，掉在院中。據說石魚身上十三個部位代表十三個省，哪省有旱情，敲擊該省部位便可降雨。現在寺中的石魚為後來複製的。

作為北京地區的古剎名寺，潭柘寺從金代以後，每個朝代都有皇帝到這裡來進香禮佛，後妃、王公大臣更是數不勝數，平民百姓則更是難以勝記，特別是從明代之後，潭柘寺就已經成了京城百姓春遊的一個固定場所，「四月潭柘觀佛蛇」已經成為了京城百姓的一項傳統民俗，也因此出現了上至貴為天子的皇帝，下至普通的平民百姓所作的許多讚詠潭柘寺的詩篇。這些詩篇都描寫了古道沿途的優美景色，例如明代郭武的〈登羅訶嶺〉、〈潭柘寺道中〉，公鼎的〈潭柘南村〉，清代康熙皇帝的〈觀苗無意到潭柘詠時景〉、高士奇的〈護駕遊潭柘〉、康熙皇帝〈下戒壇將至潭柘馬上同高士奇聯句二首〉、乾隆皇帝〈初遊潭柘岫雲寺作〉、〈過羅睺嶺〉、徐元夢〈送梅耦和遊潭柘山〉等，因而這些古香道是潭柘寺景區的一個重要組成部分。

無論你哪一個季節來潭柘寺，你都能看到不一樣的潭柘寺的美，既能上香供佛懷古，還能欣賞到絕佳美景。

趣味知識窗

二〇〇三年七月二十七日，潭柘寺和戒臺寺的六位主要僧人，在潭柘寺門前迎來了從房山送來的佛弘化舍利子，這顆舍利子在潭柘寺內停留一百零八天。潭柘寺此次盛舉是為了慶祝建寺一千六百九十六年慶典。

第一古刹白馬寺

白馬寺特色：

最早的一座佛教寺院，被尊譽為佛教的「祖庭」和「釋源」

齊雲塔、清涼臺、騰蘭墓、斷文碑、夜半鐘、焚經臺合稱為「白馬寺六景」

洛陽城是聞名遐邇的古代佛教文化中心，它曾經擁有一千三百多座佛教寺院。然而，當年洛陽這些佛寺歷盡人間滄桑，至今大都蕩然無存，唯有城外那座白馬寺，倖免於難，安然獨存。

白馬寺初創於東漢永平十一年（西元六十八年），距今已有一千九百多年的歷史，是最早的一座佛教寺院，被尊譽為佛教的「祖庭」和「釋源」，有「第一古剎」之稱。要說它的誕生，還得感謝皇帝的一個夢。傳說東漢明帝劉莊夜夢金神從西而來，飛繞殿庭。於是，派十八人出使西域，拜求佛法，在大月氏（今阿富汗一帶）遇天竺（印度）高僧攝摩騰、竺法蘭，得見佛經佛像。永平十年（西元六十七年），漢使梵僧以白馬馱載佛經佛像返洛陽，第二年建寺，遂以白馬為名。

白馬寺的天王殿內還有一口引人注目的大鐘，高一點六五公尺，重一千五百公斤，上飾盤龍花紋，刻有「風調雨順，國泰民安」等字，據傳此口鐘與當時洛陽城內鐘樓上的大鐘遙相呼應，每天清晨，寺僧焚香誦經，撞鐘報時，洛陽城內的鐘聲也跟著響起來，因此，白馬寺鐘聲被列為當時洛陽八景之一。

在白馬寺南還有兩座夯築高土臺，臺上立著一塊「東漢釋道焚經臺」字樣的通碑，這就是「六景」之一的焚經臺。這個焚經臺記述了佛教徒與中國方士之間的一場角逐，以佛教取勝而告終，漢朝佛教由此興盛。

在白馬寺的東南角還有一處塔基，其實是「天下第一男寵」塔。武則天當政時期，極其寵愛薛懷義，但為了遮人耳目，便把他派往白馬寺，住持整修之事。由於武則天的寵愛，又加上修造白馬寺和建造明堂之功，薛懷義驕橫無理，朝中文武多怕他三分。後薛因與御醫沈南繆爭寵，一怒之下便放火燒毀了明堂，這場火燒得昏天暗地，足足燒了三個多月才熄滅，同時也把武則天燒醒了。出於政治家的考慮，武則天覺得這個男寵不能再留了，便交由武攸寧祕密處死。處死薛懷義之後，武攸寧擔心薛懷義的鬼魂來找自己的麻煩，便派人替他修建了一座塔，將其骨灰埋入其中。

到了唐朝末年，唐軍為了剿滅各地的叛亂，四處殺戮，弄得民怨沸騰。在白馬寺附近有一支地方民團武裝與唐軍對峙了三個多月，結果寡不敵眾，退到了這座塔中。然而，這座塔非常堅固，唐軍想了很多辦法也沒有攻下來，最後惱羞成怒，放火燒了三天三夜，結果還是無動於衷。這時，天空突然下起了大雨，把火給澆滅了。正當唐軍發起進攻時，塔卻倒下了。原來，武攸寧在建塔時，為了節省開銷，用石灰石做塔基，而石灰石在一熱一冷中，發生了變質，自然就土崩瓦解了，變成了塔基。

總之，白馬寺以其宏偉的建築、幽靜的環境以及久遠的歷史，長期以來成為人們遊覽觀賞的聖地，曾留下眾多的詩歌。「明月見古寺，林外登高樓。南風開長廊，夏日涼如秋。」這是唐朝詩人王昌齡筆下的白馬寺。今天，這座著名古刹仍名揚海內外，巍然屹立在邙山腳下。

趣味知識窗

石榴是一種普普通通的水果，在白馬寺中種有許多石榴樹。漢魏時期，白馬寺的石榴曾譽滿京師。石榴原產於安息（今伊朗），在漢代同佛經、佛像一起傳入中國，並最多在洛陽、長安落戶。當時人們讚美石榴，把它作為中外人民交往的標誌，石榴的身價倍增，白馬寺的石榴亦有「白馬甜榴，一實值牛」的說法。

皇家寺院相國寺

相國寺特色：

歷史上第一座「為國開堂」的「皇家寺院」

宋朝時期是相國寺發展的鼎盛時期，曾為國際佛教文化活動中心

八角殿內的五百羅漢，栩栩如生，光彩照人

相國寺位於開封市中心，是著名的佛教寺院之一，原為魏公子無忌——信陵君的古宅，北齊文宣王元年始（西元五五五年）創建寺院，原名建國寺。唐代延和元年（西元七一二年），唐睿宗因紀念其由相王登上皇位，賜名「大相國寺」，並親筆御書了「大相國寺」的匾額。

現存的相國寺是清順治十八年（西元一六六一年）和乾隆三十一年（西元一七六六年）修建，其院落深廣，殿宇恢弘，雄風猶存。

只要進入相國寺的八角殿，就會看到五百羅漢的威嚴陣勢，他們個個神態各異，栩栩如生。可是誰曾知道，這五百羅漢卻是偷來的。在唐代，相國寺並

沒有五百羅漢，但到了宋代，一下子就冒出了五百羅漢，事情追根溯源還得提及宋太祖的大將曹翰。根據歷史記載，這些羅漢本為廬山東林寺所有。因宋太祖派大將曹翰征南唐，曹翰在打下南唐的江州（今江西九江）以後，把城中大量金玉財寶搶為己有。為了不被宋太祖知道此事，他就想把這些財寶偷偷裝在船上運回開封。由於害怕事情敗露，就在每只船上放了一些羅漢，揚言這些船是裝運羅漢的。因此，當時人稱這些羅漢叫「押綱羅漢」，意即押運大宗財寶的羅漢。後來，皇帝下令將這些羅漢交相國寺供奉。

據史料記載，宋朝時期，相國寺深得皇家尊崇，多次擴建，占地達五百餘畝，轄六十四個禪、律院，養僧千餘人，是京城最大的寺院和全國佛教活動中心，是歷史上第一座「為國開堂」的「皇家寺院」。皇帝曾多次為之題匾，常到寺內進行焚香、祝壽、祈雨、謝雨、宴會等活動。與此同時，相國寺也是一個國際佛教活動的中心。許多國家的外交使節和佛教僧侶，都虔誠的到這裡來參拜和學習佛法。宋太祖時，印度王子曼殊室利出家為僧，後來到中國，在相國寺居住多年。宋神宗熙寧七年（西元一〇七四年），朝鮮的崔思訓帶了幾位畫家來寺，將寺內所有壁畫臨摹回國。日本僧人成尋也曾在此居住。宋徽宗時，徽宗將「大相國寺」匾額贈送給朝鮮使者。另外每年舉辦五次「相國寺萬姓交易」廟會，使該寺成為進行政治、商貿、社交、文化等活動的重要場所。

歷史上相國寺遭遇多次火災、水災以及人禍，後來又對它進行了重建。特別是一九八〇年代後，對它進行了大規模的修建，這就是我們現在所看到的相國寺的風貌。

趣味知識窗

在相國寺的大雄寶殿前有一塊「古汴名」的額匾。一般來說，額匾應該是雙數，為什麼這個額匾卻是三個字呢?原來，這塊匾應該是「古汴名藍」四個金粉大字，為清代乾隆皇帝所賜寫。後來，慈溪太后來到這裡看見這塊額匾，便說匾上的「藍」字犯了忌諱，因為她的乳名叫藍兒。於是，慈溪太后拿走了額匾上的「藍」字，留下「古汴名」三個字。這個典故也由此流傳百年之久。

王者至尊雍和宮

雍和宮特色：

規格最高的一座佛教寺院，也是北京市唯一一座保存完好、規模最大的寺院

雍正皇帝的三十年府邸，乾隆皇帝的誕生之地，擁有王者風範

雍和宮中文物珍品頗多，其中的「三絕」極為珍貴

在北京東城區有一座號稱全北京最大的藏傳佛教寺院，它殿宇壯麗、金碧輝煌，氣勢非同一般，它就是雍和宮。

清康熙三十三年（西元一六九四年），康熙帝在此按照貝勒府府邸的規制，將明朝時期太監們居住過的官房分給了四子胤禛，也就是後來的雍正皇帝。

西元一七二二年，胤禛繼承皇位，改年號「雍正」，是為雍正皇帝。皇帝隨即遷入宮中，但對曾經居住過三十餘年的府邸已有了很深的感情，於是，將這裡改為自己的行宮，正式賜名「雍和宮」。

乾隆皇帝誕生於此，雍和宮出了兩位皇帝，成了「龍潛福地」，所以殿宇為黃瓦紅牆，與紫禁城皇宮一樣規格。乾隆九年（西元一七四四年），雍和宮改為喇嘛廟，特派總理事務王大臣管理本宮事務，無定員。可以說，雍和宮是全國規格最高的一座佛教寺院，也是北京市唯一一座保存完好、規模最大的寺院。

作為身居皇城的佛教寺院，雍和宮有著深厚的政治歷史和宗教文化累積。這裡殿宇之巍峨、佛像之精美、唐卡之絢麗無不令人駐足嘆息。它的「王者風範」絕不是空穴來風，走進大門，在寬闊的輦道上一站，立刻就能感受到一種凜然的氣勢撲面而來。雍和宮的建築風格融合了漢、滿、蒙、藏等建築特色，在北京所有寺院的殿宇中絕對是最為輝煌的。

雍和宮內佛門法器眾多，佛門瑰寶數不勝數，最令人稱道的是三大木刻作品，人稱「三絕」。這「三絕」就是五百羅漢山、楠木佛龕和檀木大佛。

在法輪殿，有一座山體由紫檀木雕刻而成，山上用金、銀、銅、鐵、錫鑄製的五百羅漢置身其間，可惜歷經戰亂，山上羅漢僅存四百四十九尊。

檀木大佛位於萬福閣內，是一尊邁達拉佛。這尊巨佛是用一棵白檀樹的主幹雕成的，高二十六公尺，地上十八公尺（地下埋有八公尺），直徑八公尺，是最大的獨木雕像。這個大佛的誕生還有一段故事呢。由於雍和宮坐落在柏林寺右，乾隆帝恐其影響「龍潛禁地」風水，準備在雍和宮北部空曠之地建高閣供一大佛，以作靠障，藉助佛力保佑平安。西元一七五〇年，乾隆皇帝將治藏大權交與七世達賴喇嘛，達賴為報答「浩蕩皇恩」，用大量珠寶從尼泊爾換來這棵高大的白檀樹，由西藏經四川，歷時三年之久運至雍和宮。之後，先搭蓋一座「薑殿」雕刻大佛，然後再建萬福閣。

最為珍貴的楠木佛龕藏在萬福閣東廂的照佛樓內。佛龕從地面直達樓頂，高約十幾公尺。照佛背後有一個火焰背光，是楠木雕刻並塗以黃色，黃銅鏡鑲嵌在背光中，夕照時，佛像生輝，蔚為壯觀。

縱觀雍和宮的歷史，從清代開始到今天，作為北京地區的宗教活動場所和著名旅遊景點正式對外開放以來，雍和宮曾接待了來自世界上一百七十多個國家與地區的元首及知名人士，每年接待內外客人近兩百萬人次。每天，來自世界各地的遊客來到這裡，只為一睹寺中的風采。

趣味知識窗

雍和宮改成喇嘛廟後，寺廟的大門不叫山門，而稱「昭泰門」，天王殿不稱天王殿，而稱「雍和門」。對大雄寶殿也一改通例，仍稱「雍和宮」，這些都是乾隆皇帝深思熟慮、匠心獨運之作，一方面顯示這是皇家寺廟，另一方面，這些名稱不論從文字的內涵講，還是從佛經法理上講，雍和宮都象徵著統一、團結、安定和美滿。

地宮藏寶法門寺

法門寺特色：

「關中塔廟始祖」

唐朝是法門寺的鼎盛時期，被譽為「護國真身寶塔」

佛塔的地宮中發現了稀世珍有的佛指舍利骨和許多堪稱世界極品的寶物

素有「關中塔廟始祖」之稱的古代名剎法門寺，位於陝西扶風縣城北的法門鎮，鎮以寺名。

「法門」，意思是「修行者必入之門」。法門寺在修建之初，名為「阿育王塔」，以紀念印度阿育王。阿育王在用武力統一了印度半島以後，建立了古印度上最強盛的王朝，然後開始廣造佛塔，篤信佛教。據說法門寺正是因他而建造的。

如果將現在的法門寺和別的寺院比較，它並沒有什麼奇特之處，但在唐代，法門寺因安置釋迦牟尼佛指骨舍利而成為舉國仰望的佛教聖地。唐代兩百多年間，先後有高宗、武后、中宗、肅宗、德宗、憲宗、懿宗和僖宗八位皇帝六迎二送供養佛指舍利。每次迎送聲勢浩大，朝野轟動，皇帝頂禮膜拜，等級之高，絕無僅有。咸通十五年（西元八七四年）正月四日，唐僖宗李儇最後一次送還佛骨時，按照佛教儀軌，將佛指舍利及數千件稀世珍寶一同封入塔下地宮，用唐密曼荼羅結壇供養。

一九八六年，在清理修葺塔基時，意外發現了塔下的地宮。打開地宮之門，在信徒心裡膜拜的佛指舍利真的出現了。這顆佛指舍利骨是目前世界僅存的佛指骨，珍貴無比。最後，一塊用橘黃色綢帕包裹的東西現身了，露出的是一座玲瓏剔透、小巧別致的小金塔。當輕輕取下小金塔的塔身時，塔座上豎立著一根拇指大小潔白如玉的管狀物，這就是第一顆佛骨舍利。當時是一九八七年五月物日凌晨一點，正是農曆四月初八佛誕節，這種巧合非常驚人。

一九八八年，法門寺正式開放並舉辦了國際性的佛指舍利塔瞻禮法會。海內外諸山長老及各界代表共三百餘人參加法會。

至此，會突然想起一個人物——韓愈。當時身為刑部侍郎的韓愈極力反對唐憲宗迎佛骨，憲宗盛怒之下，將他貶到潮州。今天，我們已經超越了宗教信仰，將法門寺中的佛骨視為人類文化瑰寶，這大約是韓愈所料不及的。

趣味知識窗

法門寺地宮十大世界之最：

一、佛指舍利，是世界上目前發現的有文獻記載和碑文證實的釋迦牟尼佛真身舍利，是佛教世界的最高聖物。

二、法門寺地宮，是世界上目前發現的年代最久遠、規模最大、等級最高的佛塔地宮。

三、地宮文物陳列方式，是世界上目前發現的最早的唐代密宗之金胎合曼曼荼羅。

四、十三枚玳瑁開元通寶是世界上目前發現的最早的、絕無僅有的玳瑁幣。

五、地宮出土的一整套宮廷茶具，是目前世界上發現的年代最早、等級最高、配套最完整的宮廷茶具，打破日本茶文化起源說。

六、地宮中出土的雙輪十二環大錫杖，長一點九六公尺，是目前世界上發現的年代最早、體型最大、等級最高、製作最精美的佛教法器。

七、地宮中發現的十三件宮廷祕色瓷，是世界上目前發現的年代最早，並有碑文證實的祕色瓷器。

八、地宮中發現的七百多件絲織品，幾乎囊括了唐代所有的絲綢品類和絲織工藝，堪稱唐代絲綢的寶庫，是唐代絲綢考古的空前大發現。

九、盛裝第四枚佛指舍利的八重寶函，是世界上發現的製作最精美、層數最多、等級最高的舍利寶函。

十、安奉第三枚佛祖真身舍利的鎏金銀寶函，上面鏨刻金剛界四十五尊造像曼荼羅，是目前世界上發現的最早的密宗曼荼羅壇場。

普賢道場萬年寺

萬年寺特色：

銅鑄普賢騎象像的鑄造成為萬年寺千百年來無法破解的謎團
貝葉經、御印和佛牙被佛教界尊為「峨眉山佛門三寶」

萬年寺創建於東晉隆安五年（西元四〇一年），最初叫普賢寺。唐乾符三年（西元八七六年）慧通重建，易名「白水寺」。宋稱「白水普賢寺」。明萬曆二十八年（西元一六〇〇年）重修，白水普賢寺竣工這天正好碰到明神宗母親七十聖誕，為了給太后祝壽，明神宗立即將白水普賢寺改名為「聖壽萬年寺」，此後雖然多次被毀多次被重建，但卻再未改過名字。

在無梁磚殿的正中有一座銅鑄普賢騎象像，高七點三五公尺、重六十二噸，鑄於宋太平興國五年（西元九八〇年）。騎白象的普賢菩薩銅像神態安詳，趺坐於蓮花寶座上，頭戴五佛金冠，手執如意，體態豐滿，神情肅穆，蓮花花瓣怒綻，重疊四層。座下的六牙白象姿態渾雄，大耳下垂，鼻幾觸地，四足立於蓮臺之上。普賢又稱「通吉」、「三曼多陀羅」，代表德行。傳說此菩薩有延命之德，發過十大宏願，因而成為主理德、行德者，尊號「大行普賢」，而行之謹審靜重莫若象，故普賢常騎六牙白象。然而，在北宋時期，由於鑄造技術十分有限，焊接技術也較為落後，大型運輸工具更是沒有，這座普賢菩薩是如何鑄造、焊接和運輸的便成為萬年寺千百年來無法破解的謎團，也促使無數專家投身其中試圖揭開這個謎底，但到目前為止都是無功而返。

說到萬年寺，還不得不提行願樓上珍藏的貝葉經、御印和佛牙三個文物，佛教界尊它們為「峨眉山佛門三寶」。貝葉經是一部將《華嚴經》寫在貝多羅樹葉上的經書，長五十公分，寬十二點五公分，共兩百四十六頁。在造紙術發明前，古印度僧人經常使用此樹葉漚水後晾乾書寫佛經。明代萬曆十九年（西元一五九一年），峨眉山無窮禪師、性寬禪師前往京師，請求皇室資助修建峨眉大佛寺。慈聖太后欣然將印度僧人進貢的這冊葉經轉賜無窮禪師。第二寶御印長寬各十三公分，正中刻有「普賢願王之寶」，上方楷書「大明萬曆」，右刻「敕賜峨山」，左刻「御題磚殿」。這塊御印還有一個來歷。明孝皇李皇后年輕時久未生育，後虔誠禮佛，赴峨眉山降香求子，結果孕皇儲朱翊鈞（萬曆皇帝）。

萬曆二十八年（西元一六〇〇年），神宗奉母后聖詔，派欽差大臣中貴二人，欽賜峨眉山萬年寺銅質御印一枚。第三寶佛牙長四十二點六六公分，重六點五公斤，光潤如玉，於金黃色中透出紫色條紋。相傳宋代，峨眉山一僧從斯里蘭卡帶回一枚大型佛牙，牙呈金黃色，內含紫色條紋，光潤如玉，傳為「迦葉佛之牙」。

坐落在峨眉山觀心嶺中的萬年寺，背依峻嶺，遠處峰巒疊嶂，每當「三秋雨水，白雲清飛，秋風號林」之時，萬年寺周圍層林盡染，古樹蔥蘢，美不勝收。

趣味知識窗

峨眉山每年七十天左右會出現寶光，寶光又稱佛光，佛經中將其解釋為釋迦牟尼眉宇中放射出來的光芒，實際上這是一種非常特殊的自然物理現象。原因是每當雲霧彌漫時，水滴在陽光的作用下會形成一種折射及反射現象，從而幻化出一道七色光環。人面對光環，光環中能映出自己的身影，猶如面對明鏡，實為世界罕見。

海內名剎國清寺

國清寺特色：

「天下四大叢林」之一，是目前寺院中保存最完整的一座

第一個佛教宗派天臺宗的發源地

隋塔與隋梅聲名遠揚，歷史悠久

對佛教以及世界佛教有重要的傳播作用

與南京棲霞寺、山東靈岩寺和湖北玉泉寺合稱為佛教「天下四大叢林」的浙江國清寺是目前寺院中保存最完整的一座。

國清寺是第一個佛教宗派天臺宗的發源地，位於浙江省天臺縣城關鎮北四公里處，北倚八桂峰，東靠靈禽、祥雲兩峰，西依映霞、靈芝兩峰，五峰環繞，只在南面有個豁口，為通向天臺縣城的通道，使古寺深藏幽谷之中，寺址的選擇是很有一番深意的。宋人夏竦寫詩讚道：「穿松渡雙澗，宮殿五峰圍，小院分寒水，虛樓半落暉。」

國清寺的建成說來還得歸功於一位德高望重的僧人智顗（ㄧˇ，音已），他是佛教天臺宗的創建人、國清寺的奠基者。相傳，陳宣宗太建七年（西元五七五年），智顗帶慧辯等二十餘人到天臺，結茅成庵，遍植松柏，數年之間，規模擴展，竟成街衢。陳宣宗對智顗十分禮敬，為智顗在天臺山上敕建寺院稱「修禪寺」。而後智顗受陳宣宗的邀請到處宣言佛教，便離開了天臺山，後在隋開皇十五年（西元五九五年）回到天臺山，此時，修禪寺已荒廢了，智顗發願要在天臺山另建佛剎，但未能如願即去世了。

大師圓寂後，弟子灌頂遵循智顗遺願，得到晉王楊廣的支持，於隋開皇十八年（西元五九八年）開始建寺。寺成，初名天臺山寺。大業元年（西元六〇五年）楊廣稱帝，尊智顗「寺若成，國即清，當呼國清寺」之遺言，而賜額「國清寺」。國清寺是在灌頂主持下興建的，他也是國清寺的第一位住持。

自灌頂建寺以來，國清寺幾經興衰，其中最嚴重的是在西元八四二年，唐武宗頒發了一系列禁佛毀寺的命令，寺宇全毀，僧侶還俗。大中五年（西元八五一年）至咸通五年（西元八六四年）間又陸續重建，書法家柳公權題「大中國清寺」額。宋景德二年（西元一〇〇五年）改名為「景德國清寺」。我們現在看到的國清寺是清雍正十二年（西元一七三四年）全面整修後的面貌。

和其他寺廟一樣，國清寺也是面南而坐，具有正規的建築軸線，嚴格的布局，但在山門處理上，卻陡然轉過九十度，朝東而開，非常有特色。這種處理方法並不是因地形之故所使然，而是完全出於匠心獨運。因為這樣一變化，便給古寺增添了無限生趣。遊人過寒拾亭，越豐乾橋，見到的不是一般常見的寺廟建築前方方正正的大廣場，而是一塊長十二公尺、寬二十五公尺完全自然的緩衝空地，由此給人悠然自得的情趣，產生絕妙的建築效果。

國清寺現有殿宇十四座，房屋六百多間，主要建築都依清代官式營造，分布在三條軸線上，中軸線上依次有彌勒殿、雨花殿、大雄寶殿。大雄寶殿正中設明代銅鑄釋迦牟尼坐像。像背壁後，有以觀音像為中心的慈航普渡群塑，殿兩側列元代楠木雕刻的十八羅漢坐像。在大雄寶殿左側有一座梅亭，亭前花壇植有老梅一株，蒼老挺拔，傳為天臺宗五祖手栽，俗稱「隋梅」，這大概是現存最老的一棵梅樹了。獨立前，因照料不周，隋梅曾數度枯萎；獨立後，經過精心照料，隋梅轉青，當花開時，疏枝橫空，暗香浮動。

除了聞名千古的隋梅外，國清寺還有一個重要標誌，那就是建於一千三百多年前的隋塔。塔身黃褐色，高五十九點三公尺，六面九級，空心，磚壁，壁上的佛像栩栩如生。可就是這樣一座精緻的古塔卻沒有塔頭。為什麼隋塔沒有塔頭？這裡有一個傳說。據說國清寺建成以後，裡面供奉著五百羅漢。他們相約連夜為國清寺修造一座寶塔，以增添名剎風光。正當五百羅漢忙於搬運磚石修砌時，南海觀音路過天臺，觀音見石橋山中兩峰對峙，飛瀑高懸，十分壯觀，也有心為天臺山錦上添花，架一座石橋來增添景觀。觀音見國清寺外磚塊堆積如山，就向五百羅漢借磚，羅漢不肯。觀音向羅漢借鍋煮飯，羅漢又故意將鐵鍋敲了一個洞。觀音見此微微一笑，小施法術，在鐵鍋中燒出了香噴噴的米飯。羅漢見狀，大吃一驚，把鐵鍋搬來一看，原來鍋上的破洞，只漏沙，不漏米。從此，這口鍋就叫「漏砂鍋」。後人在藏放這口大鐵鍋的房間門口寫了一副對聯：「古寺猶有寒灶石，雲櫥尚存漏砂鍋。」而後，五百羅漢造的塔頭擱在金地嶺，準備待寶塔落成時再搬來安裝。觀音有意作難，用法力將它牢牢定住，儘管五百羅漢想盡辦法，徹夜苦搬，何奈金雞報曉，天色已明，再也無法將塔頭搬下山來，所以隋塔缺了個塔頭，而金地嶺上多了個塔頭寺，塔頭至今還在。如今，隋塔已成為保護文物。

國清寺不僅建築風格十分考究，而且還是一座歷史文化古剎。有紀念唐代天文學家僧一行為編制《大衍曆》至國清寺求算學的「一行到此水西流」碑及「一行禪師之塔」；有紀念唐代著名詩僧寒山、拾得、豐乾的「三賢堂」，重十三噸的明代釋迦牟尼青銅像，十八尊元代所雕的楠木羅漢，王羲之、柳公權、黃庭堅、公尺芾、朱熹的摩崖手跡；此外許多文人雅士如孟浩然、李白、賈島等均留下不朽名篇。

回顧歷史，國清寺在佛教史上、甚至世界佛教史上都有重要作用。唐貞元年間，日本高僧最澄到天臺山國清寺學習天臺宗義理，回國後創立了佛教天臺宗。該宗教徒尊國清寺為祖庭，時時來華參謁，促進了中日文化交流。十一世紀，高麗僧人義天至國清寺求法，又將天臺宗傳入朝鮮半島。上世紀末，應天臺山國清寺的邀請，韓國佛教天臺宗代表團一行六人，在團長、韓國佛教天臺宗宗務院院長田雲德長老率領下，一九九三年六月三日至五日，前來天臺，參加「天臺山國清寺大殿佛像開光暨方丈升座典禮」，受到了天臺山國清寺僧眾的歡迎和熱情接待。而後，應日本天臺宗邀請，國清寺方丈可明法師率浙江省佛教代表團赴日本延曆寺，與日本、韓國天臺宗信徒一起，參加了智者大師圓寂一千四百年紀念法會。三國天臺宗信徒共祝中、日、韓人民友誼長存，世界萬世和平。

隨著旅遊業的不斷發展，國清寺已成為名揚中外的宗教旅遊勝地，是一所名副其實的海內名刹。

趣味知識窗

傳說國清寺智顗大師圓寂前曾交給大弟子灌頂法師一把金鎖，鄭重的說：「國清寺建成之後，你將這把金鎖鎖住藏經閣的門，一代一代傳下去。兩百年後，有東土高僧來取經，他如與天臺宗有緣，這鑰匙一碰鎖就會自行開啟，可將閣中的《法華經》一部相贈。」兩百零七年後，果然有日本國最澄和義真兩位和尚來到國清寺學習佛學。不知是先人料事如神，還是「佛家有緣」，這樣的預言更加增添了國清寺的神祕。

文殊道場顯通寺

顯通寺特色：

號稱「五臺山的第一寺廟」，又稱為五臺山的「寺祖」

七座殿宇，各具特色，保存完好，無一協同

銅建築特別的多，簡直就是一個銅化的廟宇

五臺山有一規模最大，歷史最古的寺廟，俗稱「祖寺」，也叫顯通寺。顯通寺號稱「五臺山的第一寺廟」，在佛教信徒心中，它和洛陽的白馬寺是齊名的。

顯通寺始建於東漢永平年間（西元五八年至西元七五年），漢明帝從西域請來印度僧人攝摩騰和竺法蘭，在京都洛陽建白馬寺，這是建佛寺的開端。這一年，攝摩騰和竺法蘭來到五臺山，法眼識聖地，二僧立即看中五臺山的風水，並奏明漢明帝在這裡破土建廟，揭開了五臺佛國歷史的第一頁。

顯通寺中的一大特色就是：整個寺廟中的銅建築特別的多，既有腰圍丈八、聲如洪鐘的大鐘，又有大如拇指、小巧玲瓏的土地爺，簡直就是一個銅化的廟宇。在顯通寺的後高殿前，有一座用青銅鑄件組裝而成的純粹金屬建築物，人稱「顯通銅殿」。銅殿建於明代萬曆三十七年（西元一六〇九年），是中國僅有的三銅殿中的一座。

這樣一座精美絕倫、存世少有的銅殿的由來還有一個故事。相傳，明朝穆宗駕崩前後，少主年幼無知，皇親李良發動了宮廷政變，接管了江山，就將娘娘李彥妃和少主打入了冷宮，想絕明朝後裔。這少主就是後來的萬曆皇帝。大臣徐彥昭和楊波進入冷宮拜見，李娘娘又氣又急，在不得已的情況下，把少主交給了徐、楊二人帶走，讓他們好好撫養。後來少主當了皇帝，懲除了奸臣。為了感謝母恩，就決定在五臺山為李娘娘建造一座銅殿。據記載，這座銅殿是明朝名望很高的佛燈和尚在現在太原市郝莊村南建起了高達十三層的兩座大塔（宣文塔）後，正在興建永祚寺（即雙塔寺）的過程中，又奉萬曆皇帝的命令，到顯通寺「傳戒」時建築的。

五臺山是文殊菩薩的道場，每個寺廟均以供奉文殊菩薩為主，自然顯通寺也不例外。所不同的是，顯通寺的大文殊殿內，供著七尊文殊菩薩像。

在文殊殿前有兩座八角碑亭，左右分布，左邊的石碑上有字，系康熙御筆，人們管它叫「有字碑」。右邊的碑上沒有字，人稱「無字碑」。立碑是為了刻字記事，這一座碑上為何就無字呢？這裡還有一個傳說。

原來，蓋碑亭的地方，本是靈鷲山下顯通寺的兩個圓形的水池，池裡的水清澈如鏡。有一年，康熙皇帝朝臺，巡遊顯通寺，來到文殊殿前。他抬頭一望，只見絢爛的菩薩頂端端正正坐落在靈鷲峰下，好像一條英武的龍，昂著頭高臥在那裡，擔心大清的江山要讓別人奪去。於是，他下令將這兩個水池填平，上面再立兩通石碑壓住。不久，水池填平，石碑立了起來。住持請康熙寫碑文，康熙欣然命筆寫了一篇，住持請工匠把碑文拓刻在左邊那通石碑上。右邊的石碑卻空下了，因為沒人敢寫碑文與皇上的碑文相對稱。於是，顯通寺出現了無字碑。

千百年來，在五臺山眾多寺廟中，顯通寺特別引人注目，它深厚的歷史文化累積無不在向我們訴說著這座廟宇昔日的輝煌與至高無上的神聖。

趣味知識窗

懸掛在顯通寺鐘樓內的大銅鐘，鑄於明朝萬曆四十八年（西元一六二〇年），重九千九百九十九斤半。為什麼不鑄成一萬斤呢？這是為了忌諱皇帝「萬歲」老爺的「萬」字（故宮的九千九百九十九間半屋也是這個原因）。這口鐘名叫「幽冥鐘」。鐘的外部，鑄有楷書佛經一部，共一萬餘字。因為敲擊時鐘聲綿長，傳播深遠，所以人們又把此鐘叫做「長鳴鐘」，也稱為「長命鐘」。顯通鐘聲，歷來是五臺山梵宇佛國的一個標誌，向來為人們所稱道。

千羊馱建大昭寺

大昭寺特色：

西藏現存最古老的土木結構建築，成為藏式宗教建築的千古典範

文成公主欽點寺址，千羊奠基

「百科全書」式壁畫，豐富多彩

有許多漢藏兩族文化交流的歷史見證，意義極其重大

大昭寺，全稱「羊土幻顯殿」，坐東向西，位於拉薩老城區的中心，始建於西元六四七年。大昭寺是西藏現存最輝煌的吐蕃時期的建築，也是西藏現存最古老的土木結構建築，開創了藏式平川式的寺廟布局規式。大昭寺融合了藏、唐、尼泊爾、印度的建築風格，成為藏式宗教建築的千古典範。

唐朝時期的西藏雖然地處邊陲，但在松贊干布的治理下，國力日漸強大。松贊干布先後迎娶了尼泊爾的赤尊公主和唐朝的文成公主。兩位公主各自帶來了一尊珍貴的釋迦牟尼的佛像。為了供養這神聖的佛像，松贊干布修建了西藏

歷史上最早的佛教建築物，這便是大昭寺和小昭寺。然而，有所不知的是，小昭寺是由文成公主修建的，而大昭寺的寺址卻是由精通星象和五行說的文成公主欽點。這裡還有一個傳說。傳說大昭寺這裡曾是一片汪洋湖泊，松贊干布曾在此湖邊向赤尊公主許諾，隨戒指所落之處修建佛殿，孰料戒指恰好落入湖內，湖面頓時遍布光網，光網之中顯現出一座九級白塔。

不管傳說是否屬實，然而大昭寺的建成確實是先填湖。由於當時主要的運輸工具是依靠山羊背著裝著沙和土的袋子，於是，一場由千隻白山羊馱土建寺的浩蕩工程開始了，把原本是一個湖泊的地方給填平了，給大昭寺奠定了基礎。

大殿中以那尊「覺臥佛」最為珍貴，據說是文成公主進藏時迎請來的。本來大昭寺建成後，供奉著尼泊爾公主從家鄉帶來的釋迦牟尼八歲等身像不動金剛佛像明久多吉，小昭寺則供奉著文成公主帶來的十二歲釋迦牟尼等身坐像。然而，松贊干布死後，文成公主帶來的佛像便埋在地下於兩代人之久，直到金城公主嫁到吐蕃後，才將這座佛像一直供奉在大昭寺內，而尼泊爾公主帶來的佛像則移置在小昭寺內。由於這尊佛像有這樣傳奇的經歷，被信徒們敬仰為天下真正佛體神像，因此吸引著藏族、蒙古族、土家族、羌族、裕固族乃至尼泊爾、不丹、印度等國的信徒不遠萬里前來朝拜。

和別的西藏寺廟一樣，大昭寺的大小殿堂內也繪有各種壁畫，有數千幅之多，大昭寺的千佛廊就是因為繪滿了千佛佛像而得名。

由於大昭寺在某種程度上就是漢族文化交流、民族融合的見證者，因此，它留下了許多的見證物，比如唐柳、眾多石碑和唐卡。在大昭寺前的唐柳，又稱「公主柳」，是文成公主將皇后在長安灞橋賜的柳枝帶來西藏親手種於大昭寺。

總的看來，大昭寺的規模不大，歷史也不算悠久，既沒有布達拉宮居高臨下的霸氣，也沒有紮什倫布寺豐厚的後藏賦予的底氣，更沒有哲蚌寺宏偉壯觀的大氣，但它依然聲名遠播，在藏族人心中的地位並不亞於布達拉宮。

趣味知識窗

你知道嗎，「拉薩」這兩個字其實是從大昭寺演變而來的。最早拉薩不叫LASA，古文書上都是RASA，RA是山羊，SA是土地，意思是山羊建的地方。後來因為修建了這樣神聖的佛殿，裡面供奉了佛祖的像，有佛經、佛塔，還有四面八方的信徒來這裡朝聖，大家都認為這個地方是佛地，所以又改稱拉薩。LA，在藏語裡是佛的意思，SA是地。

姑蘇城外寒山寺

寒山寺特色：

一首千古絕唱的〈楓橋夜泊〉使寒山寺名揚天下
寒山寺內有寒山、拾得二僧，傳說至今流傳久遠
寺內為名詩〈楓橋夜泊〉所刻之碑就有六塊，稱得上一奇
「夜半鐘聲」自古有名，除夕夜撞鐘一百零八下至今保留

「月落烏啼霜滿天，江楓漁火對愁眠。姑蘇城外寒山寺，夜半鐘聲到客船。」這首唐代詩人張繼的古詩〈楓橋夜泊〉，把楓橋與寒山寺的優美意境融為一體，成了聞名中外的千古絕唱，寒山寺也因此而名揚天下。

寒山寺位於蘇州城楓橋鎮，建於六朝時期的梁代天監年間（西元五〇二年至西元五一九年），原名「妙利普明塔院」。唐代貞觀年間，傳說當時的名僧寒山和拾得曾由天臺山來此住持，改名「寒山寺」。

整個寒山寺中比較有特色的建築就是藏經樓內的寒拾殿。寒山、拾得二人

的塑像就立於殿中。寒山執一荷枝，拾得捧一淨瓶，披衣袒胸，作嬉笑逗樂狀，顯得喜慶活潑。相傳寒山、拾得是文殊、普賢兩位菩薩轉世，後來又被皇帝敕封為和合二仙，是祥和吉慶的象徵。寒山與拾得皆喜吟詩唱偈（ㄐ一ˋ，音記），寒山有《寒山子詩集》存世，詩風樸素自然，通俗易懂，有「家有寒山詩，勝汝看經卷」之說，後人又收輯拾得的詩附於其後。

寒山寺的碑刻素來聞名。在寒山寺的碑廊裡，有一塊石碑上面鐫著唐代大詩人張繼那首膾炙人口的〈楓橋夜泊〉，這塊由清末著名學者俞樾書寫的詩碑，已成為寒山寺中的一絕。自〈楓橋夜泊〉問世，歷代文人墨客為寒山寺刻石刻碑者不乏其人，據說為千古絕唱〈楓橋夜泊〉刻碑就有六塊。第一塊詩碑為宋代王矽所書。此碑因屢經戰亂，寒山寺多次被焚而不存；第二塊碑為明代詩、書、畫「三絕」的大文豪文徵明所寫。後因寒山寺失火，詩碑亦磨滅於荒草瓦礫之間變成殘碑，僅存「霜、啼、姑、蘇」等不到十個字，但筆跡流暢秀勁，顯示出大家風範，現在放在碑廊牆內；第三塊碑保存完好，為清代俞曲園所書，碑的拓片流傳甚廣，極為群眾稱讚，陳列在碑廊；第四塊詩碑是一位與唐代張繼同名同姓的河北滄州人張繼所書，可惜他寫完碑的第二天便與世長辭了，而他書寫的這塊詩碑保存較好，現仍存於寒山寺內普明塔院；第五塊碑是革命先烈李大釗所寫，該碑於一九三三年刻成，豎立在寒山別院松亭中；第六塊碑安放在碑廊牆內，為大畫家劉海粟八十六歲時所寫，一九九五年揭幕，也是盛事一件。

寒山寺自建寺以來，「夜半鐘聲」不斷，且鐘聲不同凡響，撞鐘要撞一百零八下。這裡主要有兩種含義：一是說每年有十二個月、二十四節氣、七十二候（五天為一候），相加正好是一百零八，敲鐘一百零八下，表示一年的終結，有除舊迎新的意思；二是依照佛教傳說，凡人在一年中有一百零八種煩惱，鐘響一百零八次，人的所有煩惱便可消除。因此，每年都有許多中外遊人雲集寒山寺，聆聽鐘樓中發出的一百零八響鐘聲。每年一度的「除夕聽鐘活動」更是人山人海，蜂湧如潮，大家都在悠揚的鐘聲中辭舊迎新，祈禱平安。

趣味知識窗

根據調查顯示，寒山寺所在蘇州閶門外十公里範圍內的楓橋鎮居民，極少患心理、消化系統等疾病，而且鎮上有很多高壽老人。據說，這跟這裡的人經常聽到寺裡的鐘聲相關。據科學研究證實，古鐘的形狀很適宜產生強大的超音波，這可能也是古鐘鐘聲「驅邪祛病」的奧祕所在吧。

第六章　前朝天子後世皇陵

第六章　前朝天子後世皇陵

古代皇陵是封建社會特有的產物，歷代皇帝為了彰顯自己皇權的威嚴、顯示自己無比的尊貴，不惜集中大量的人力、物力、財力及天下之能工巧匠，多則四五十年，少則幾年來營建自己的陵園。皇陵作為封建皇帝的地下王國，完全按照「事死如事生、事亡如事存」的禮制原則建造，其奢侈豪華是不言而喻的。

千年謎團秦始皇陵

秦始皇陵特色：

第一座皇家陵園，以其規模宏大，埋藏豐富著稱於世

世界上規模最大、結構最奇特、內涵最豐富的帝王陵墓之一

其中的秦始皇兵馬俑被譽為「世界第八大奇蹟」

這是一座幾乎是複製整個大秦帝國的陵墓，若不是陳勝起義，它還會永無止境修建下去。這是一座埋葬了大秦帝國的墳墓，它惹得天怒人怨，最終，整個帝國也成了它的陪葬品——這就是秦始皇陵。

一九七四年一月二十九日，陝西省西安驪山北麓，當地一位農民在打井時無意中挖出一個陶製武士頭，後經發掘，終於發現了使全世界都為之震驚的秦始皇陵。

古代帝王在位之時均會為自己修建陵墓，秦始皇也一樣。他十三歲剛剛登上國王寶座時，陵園營建工程也就隨之開始了，一直修造了三十多年，直至秦

始皇臨死之際尚未竣工，二世皇帝繼位，接著又修建了一年多才基本完工。歷史上有許多皇帝的陵墓並不比秦始皇陵營建時間短，但這些皇陵絕對比不上秦始皇陵營建的品質和力度：其規模之大，陪葬品之多，工藝之精，機關之奇，都是空前絕後的。

被譽為「世界第八奇蹟」的兵馬俑坑位於陵園東側一千五百公尺處，是秦始皇陵的陪葬坑。它的發現為研究秦朝時期的軍事、政治、經濟、文化、科學技術等，提供了十分珍貴的實物資料，成為世界人類文化的寶貴財富。目前，兵馬俑坑現已發掘三座，俑坑坐西向東，呈「品」字形排列，坑內有陶俑、陶馬八千多件，還有四萬多件青銅兵器。

那麼，秦始皇為什麼要用那麼多的泥人、泥馬來陪葬呢？有人認為，秦始皇陵實質上是按古代禮制「事死如事生」的要求特意設計的。因為秦始皇即位後，用了大部分的精力和時間進行統一全國的戰爭，當時他率領千軍萬馬南征北戰，從而併吞了六國，統一了天下。為了顯示他生前的功績，以軍隊的形式來陪葬似乎是一種必然。

秦始皇為什麼要把陵墓選在驪山呢？這裡還有一個傳說。據說，秦始皇統一六國以後，為了使子孫萬代永遠統治天下，非常重視修造陵墓這件事。他派了許多風水先生到處尋求風水寶地。許多人都推薦了驪山。驪山南面出美玉，北面出黃金。秦始皇心想：陵墓建成後，背靠驪山，腳蹬渭水，左右也都是水，草木蒼翠，雲蒸霞蔚，完全可以保佑子孫後代永享天下。當然，傳說並不等於事實。秦始皇從來都沒有想到過死，他一直派人到處尋求長生不老之藥。修建陵墓，只不過是他的一種炫耀。

近年來，地質學家根據衛星拍照的圖片看：從驪山到華山好像一條龍，秦始皇陵正好位於龍頭眼睛的位置。眾所周知，自古就有「畫龍點睛」之說，到底是古人有「高瞻遠矚」的本領，還是今人附會之風過重，一時間還弄不清楚。我們清楚的是，他那暴君兒子胡亥親手把他開創的帝國給葬送了。而這座陵墓則帶著許多謎團沉睡大地，等待後人一一解答。

趣味知識窗

眾所周知，古代以朝南的位置為尊，歷代帝王的陵墓基本上都是坐北朝南的格局，而統一天下的秦始皇卻坐西向東，這是為什麼呢？有人認為，秦始皇生前派遣徐福東渡黃海，尋覓蓬萊、瀛洲諸仙境，尋找長生不老之藥，卻一直未果，坐西向東代表暮年秦始皇的最大願望；也有人認為是秦始皇為了彰顯自己征服東方六國的決心，使自己死後仍能注視著東方六國；還有人認為，秦始皇陵坐西向東，與秦漢之際的禮儀風俗相關。究竟為何，至今仍是一個謎團。

東方金字塔之茂陵

茂陵特色：

漢代帝王陵墓中規模最大、修造時間最長、陪葬品最豐富的一座

殉葬品極為豪華豐厚，

史稱「金錢財物、鳥獸魚鱉、牛馬虎豹生禽，凡百九十物，盡瘗藏之」

奢華的茂陵像一所敞開大門的「地下銀行」，引來無數盜墓者

西元前一四〇年，西漢第五位皇帝劉徹即位。劉徹是一位擁有雄才偉略的封建帝王，在歷史上可以和秦始皇相提並論。他在位時，採取的各項措施使漢帝國以統一、繁榮、強大的姿態屹立在世界的東方。

然而，在漢武帝開始的所有被後人稱為豐功偉績的「前無古人」的事業中，還包括一項及其重要的事業——修建自己的陵墓，也就是茂陵。

茂陵位於西安市西北的茂陵村。至今東、西、北三面的土闕猶存，陵周陪葬墓尚有李夫人、衛青、霍去病、霍光等人的墓葬。它是漢代帝王陵墓中規模

最大、修造時間最長、陪葬品最豐富的一座，建築宏偉，墓內殉葬品極為豪華豐厚，史稱「金錢財物、鳥獸魚鱉、牛馬虎豹生禽，凡百九十物，盡瘞藏之」，因而被稱為「金字塔」。

劉徹在位五十四年，茂陵則修建了五十三年，這彷彿說明：如果漢武帝永遠不死，那麼，茂陵會一直修建下去。正是這樣一份「偉大」的事業，傾注了他很多心血。據說，建陵時曾從各地徵調建築工匠、藝術大師三千餘人，工程規模之浩大，令人瞠目結舌。

也許是劉徹害怕寂寞，臨死前曾立下遺囑，要在他的陵塚周圍安排許多陪葬墓。這些陪葬墓包括丞相公孫弘、大將軍衛青、大司馬霍去病等武帝一朝的重臣。然而，規模龐大的茂陵和地宮中數不盡的稀世珍寶以及劉徹傳奇的一生，招來了很多盜墓者。

據記載，茂陵被盜掘的次數恐怕多得難以數清，大大小小的盜墓活動把這個「金字塔」折騰得奄奄一息。而歷史上把它澈底摧毀的是三個盜墓軍團，茂陵裡的財寶雖然多如群星，但卻無法滿足盜墓軍團無邊的貪欲。第一個盜墓軍團是在西漢末年，琅琊人樊崇率領「赤眉軍」攻進長安，大肆掠奪，將長安城洗劫一空，茂陵自然也不例外。這僅僅是茂陵厄運的剛剛開始。一百八十多年後，惡霸董卓登場，他在先後毀滅了洛陽、長安之後，也挖掘了皇陵。接下來，著名的黃巢軍隊成了茂陵的第三批入侵者。此後的一千多年裡，茂陵得到了一段安穩的休息，直到民國時期，軍閥孫連仲又打上了它的主意。漢武帝劉徹一世英明，但他所營建的茂陵卻成了那些惡人的「地下銀行」。

「渭水橋邊不見人，摩挲高塚臥麒麟。千秋萬古功名骨，化作咸陽原上塵。」這是金人趙秉文所寫的詩，這首詩道出了古都咸陽原上的歷史場景。穿越時空距離，透過這些陳列著的蒼涼陵塚，人們似乎聽到古陵主人戰馬的嘶鳴聲，看到咸陽原的榮辱興衰以及盜墓者的貪婪目光。

趣味知識窗

在茂陵旁的霍去病墓地邊，有許多巨石群雕。這裡的群雕獸像、人獸相搏的藝術造型，是漢武帝留在茂陵的十分珍貴的重大文化遺產，空前啟後的「國之瑰寶」。在十四件造像巨雕作品中有十二件被鑑定為「國寶」。特別值得指出的是，這批巨雕中的「馬踏匈奴」、「躍馬」、「臥馬」，最受歷代學者和遊人的推崇，並認為這些「馬」的作品，可能出自漢武帝的授意。因為，漢武帝痴愛寶馬，天下聞名。在歷史上，為能得到寶馬、良駒而出詩作的皇帝，漢武帝是第一人。

七十二疑塚曹操墓

曹操墓特色：

自宋朝以來，相關曹操陵墓眾說紛紜，
其中以「七十二疑塚」之說最為著名
智慧、陰險狡詐、節儉的陵墓主人曹操以「薄葬」而長眠地下
墓室究竟在何處，至今仍是個謎

曹操，歷史上一個家喻戶曉的著名人物，有著太多的故事引世人關注，且無論是好是壞，總能引起人們的極大興趣。特別是關於他的陵墓傳說以及「七十二疑塚」的真相，更是吊足了人們的胃口。曹操在生前沒有稱帝，在死後被其子孫追封為魏武帝，從這一角度來講，他的陵墓不能稱為皇陵。但曹操的一生所為是歷史上許多皇帝所不能望其項背的，所以，我們完全有理由把曹操墓也當作是一座皇陵。

曹操在歷史上是一個頗受爭議的人物，死後他的陵墓位置也成了大家討

第六章　前朝天子後世皇陵

論不休的話題。建安二十五年（西元二二〇年）正月，曹操病逝於洛陽，終年六十六歲。二月，其長子魏文帝曹丕遵照曹操生前的遺囑，將其遺體運回鄴地安葬。自宋朝以來，曹操的墓就不見了蹤影，之後一種又一種說法出現。

有人說曹操原本是個盜墓者，為了防止死後別人來挖他的墳墓，在生前做了周密的安排，到出殯的那一天，鄴城內所有的城門同時打開，七十二具棺木分別從東南西北四個方向同時抬出，葬入事先準備好的墓室內。於是，後人再也分不清楚哪一座是曹操的真墳，哪一些又是迷惑人的疑塚。這就是「七十二疑塚」的來歷。

關於曹操陵墓的形制，有人從《資治通鑑》中查到了端倪。這一端倪講述了曹丕派于禁拜謁高陵這一史實。益壽亭侯于禁，是曹操麾下的一員大將，建安二十四年（西元二一九年），曹仁與蜀將關羽拒於樊城，于禁率軍增援，不巧漢水暴漲，所率七軍皆沒，只好投降。孫權奪取荊州後，于禁被遣還魏國。途中，曹丕恨其英雄氣短，便帶他趕赴鄴城，拜謁高陵。高陵，就是曹操陵名，于禁見陵寢壁畫上有自己被俘乞降之狀，遂羞慚撞壁而死。這段史料告訴我們，曹操陵墓前曾建有寢殿。可是，這樣一個地方無論是河底還是在「七十二疑塚」中都不會出現。

曹操一生提倡節儉，他對家人和官吏要求極嚴。他兒子曹植的妻子因為身穿綾羅，被他按家規下詔「自裁」。宮廷中的各種用過的布料，破了再補，補了再用，不可換新的。曹操要求死後「薄葬」。在他的遺令中，他明確規定自己的壽陵必須建在地勢高的地方，上面既不要封土，也不要種樹，沒有任何標誌。

後來，有人仔細歸納了曹操要求薄葬的用意：一是為了節約國家開銷，安定軍民之心；二是為後代及其他大臣樹立一個榜樣；三是想讓那些盜墓賊免去那份邪心，自己求個安寧；四是喪事從簡不會興師動眾，各地駐軍仍能堅守崗位，嚴防吳、蜀兩國趁機入侵。如此一來，一個薄葬一舉數得，何樂而不為？曹操又一次耍「奸」成功，不得不讓人佩服！

曹操生前用機智詐謀使得他的對手咬牙切齒，他死後，也讓對手對其念念不忘。歷史上因為有這樣一個傳奇人物，多了許多傳奇色彩。

趣味知識窗

曹操生於西元一五五年，死於西元二二〇年。關於他的死，有人說是因為他老人家雖然敢公然挖掘別人的墳墓，死後也留遺囑說要「薄葬」，但心裡還是很迷信的。有一次，曹操想移走一棵結有美味果子的梨樹時，樹根被砍傷，流出了血。曹操看到後自認為是不祥之兆，造成了很大的心理陰影，結果鬱鬱而亡。由此不禁感嘆，一代梟雄風雲叱吒一生，到最後竟然是一棵流血的樹讓他病發身亡。

厚葬先河之唐昭陵

昭陵特色：

陝西關中「唐十八陵」中規模最大的一座，也是最奢侈的一座皇陵

地宮內極其奢華，簡直是長安城的縮小版

所藏物品極其多且珍貴，據說有王羲之真跡的《蘭亭帖》

地面設施豪華，昭陵六駿，名滿天下

在西安城西北面的禮泉縣，有一座突兀的山峰叫九嵕（ㄗㄨㄥ，音宗）山，大唐帝國巔峰時期的皇帝李世民的昭陵就在此山上。這位皇帝生前口口聲聲要薄葬，但言行不符，昭陵其實是陝西關中「唐十八陵」中規模最大的一座，也是最奢侈的一座皇陵。

昭陵的首席設計師是唐代著名工藝家、美術家閻立德、閻立本兄弟，其平面布局既不同於秦漢以來的坐西向東，也不是南北朝時期「潛葬」之制，而是仿照唐長安城的建制設計的。長安由宮城、皇城和外廓城組成。宮城居全城的北

部中央，是皇帝起居的地方，皇城在宮城之南，為百官衙署（即政治機構），外廓城從東南北三方拱衛著皇城和宮城，是居民區。昭陵的陵寢居於陵園的最北部，相當於長安的宮城，可比擬皇宮內宮。這種設計，就是把一座長安城的縮小版搬到了陵園中。這又是一個「事死如事生」。

凡是陵園，照例都會有一大堆石人、石馬、石獸等雕刻，但昭陵裡的石刻可不是尋常之物，估計李世民覺得反正這些東西是石的，做工精細也不會有損薄葬的聲名，就放開了大搞一氣，結果昭陵的石刻名滿天下，最出名的當數「昭陵六駿」了。總之，昭陵的這些石刻在品類、造型及題材上，既不取生前儀衛之形，也不用祥瑞、辟邪之意，獨具一格，所有石刻都是寫實，富有政治意義的不同凡響之作。

無論如何，昭陵都是大唐盛世的一個縮影，他把玄宮搬上了山，這本身就是一件奢侈的事情，但正因如此，昭陵開闢了唐代帝王墓葬的一種新形式。雖然李世民口口聲聲要薄葬，但僅從昭陵的地面建築來看，並非如此才招惹了那些膽大妄為的人。

當一代大唐王朝氣數將盡時，溫韜出生了。溫韜在鎮七年期間，凡是在他管轄境內的唐陵，幾乎都被挖掘。據史料記載，溫韜從昭陵墓道進去，見到的地下宮殿建築宏麗，簡直同朝內宮殿一般。墓室正中是太宗的正寢。正寢東西兩廂各有一座石床，床上放置石函，打開石函，內藏鐵匣。鐵匣裡面盡是李世民生前珍藏的珍貴圖書，其中最貴重的當推王羲之的真跡了。據說，真跡被發現時，紙張和墨蹟都還跟新的一樣。這些珍貴藏品，全被溫韜盜取出來了。

當然，昭陵被挖掘不止這一次，但僅這一次就足夠李世民的在天之靈痛苦不已了。回過頭來，我們再來探討李世民的昭陵，如果不失它殉葬品的繁多，它不可能遭到被盜挖的下場。雖然，他依山而建，但世間萬物總有滄海桑田的那一刻。

趣味知識窗

昭陵的名稱是怎麼來的？關於這個問題，文獻上從未有過記載。有人根據古人死後給謚的原則分析，認為謚法中釋「昭」字說：「聖文周達日昭，明德有功日昭。」他們認為唐朝在李世民統治時期是當時世界上政治、經濟、文化最發達的國家，而李世民是當時世界各國統治者中最富有生氣和創建的政治家、軍事家，沒有人像他那樣在各個方面創建了輝煌業績和樹立了不朽的豐碑。所以，李世民陵名是選擇了一個歌功頌德比喻美好的字眼。

盜不了的墓唐乾陵

乾陵特色：

唯一一座夫妻皇帝陵墓

選址巧妙，墓穴十分牢固，是唐朝諸陵中唯一沒有被盜賊光顧的皇陵

無論是陵墓本身還是其主人，永遠都有說不完的話題

在歷代帝陵中，乾陵是唯一一座夫妻皇帝陵墓，即唐王朝第三位皇帝高宗李治和歷史上唯一的女皇帝武則天的合葬陵，在世界上也是僅有的。它也是唐朝諸陵中唯一沒有被盜賊光顧的皇陵。關於它的命運，無論是傳說還是正史，都有說不完的話題。

乾陵位於西安的西北方五十公里外的一座石山處，古今中外的史書上都稱這座山為「梁山」。梁山，自周、秦即為名勝之地。史載，秦始皇築宮梁山而禦夷狄，漢張騫越梁山而通西域，以致唐代的「絲綢之路」都經過此山。

乾陵之所以選址在梁山，還有一個有趣的傳說：唐高宗登基不久，就派自

己的舅父長孫無忌和專管天文曆法的太史令李淳風為自己選擇陵寢之地。一日，二人巡視到梁山上，只見此山三峰高聳，主峰直插天際。東隔烏水與九嵕山相望，西有漆水與婁敬山、歧山相連。烏、漆二水在山前相合抱，形成水垣，圍住地中龍氣。梁山乃是世間少有的一塊「龍脈聖地」。長孫無忌和李淳風選好陵址後，回京稟報高宗。而唐代著名方士袁天罡聽說後，極力反對。原來他曾為高祖選陵址到過梁山，深知此山風水的優劣之處。如果真要在這山上建陵，大唐江山可能會被一個女人所傷。武氏聽了十分高興，勸李治不要猶豫，就此定論。枕邊之風當然管用，就這樣，在梁山建陵之事定了下來。袁天罡一聽，仰天嘆曰：「代唐者，必武昭儀。」為怕將來受牽連，他辭官不做，出外雲遊去了。

陵寢選定後，長孫無忌便在陵的名字上下工夫。他根據梁山位於西北，易理上屬「乾」的特徵，跟李治建議叫「乾陵」，大意是說，梁山陰氣重，我就用屬陽的「乾」來震住它，於是，「乾陵」始定。

乾陵的魅力不光在於它是世界上獨一無二的兩朝帝王、一對夫妻皇帝合葬陵，更在於它體內珍藏的無價文物瑰寶。關於乾陵地宮是否被盜和它體內的珍藏一直是人們非常關心的問題。唐末農民起義，黃巢聲勢浩大，因缺少軍資，他動用四十萬將士盜挖乾陵，直挖出一條四十餘公尺深的大溝，也沒有找到墓道口，後因官軍追剿，黃巢才不得不悻悻撤兵。至今在梁山主峰西側仍有一條深溝被稱為「黃巢溝」。

古往今來，多少歹人絞盡腦汁，費盡心思都找不到乾陵地宮墓道口。到了一九六〇年，當地農民在山上放炮炸石燒石灰，忽然炸出一條墓道。墓道呈斜坡形，全長六十三點一公尺，南寬北窄，平均寬三點九公尺。石條由南往北順坡層疊扣砌，共三十九層，平面裸露四百一十塊，三十九層約用石條八千塊。石條之間用燕尾形細腰鐵栓板拉固，上下之間鑿洞用鐵棍貫穿，以熔化錫鐵汁灌注，與石條熔為一體。

如此堅固的陵墓，即使是「正規軍」，不運用現代爆破技術也恐怕難開墓穴。因此，一千三百多年來，乾陵被稱為是一座「盜不了的墓」。

趣味知識窗

凡是來乾陵參觀的人，都會到無字碑前細看一番。無字碑是用一塊整石雕成的，在碑額上有九條蟠龍盤繞，但碑身卻不刻一字（其實，後人在碑身刻滿了密密麻麻的無法識別的文字）。歷史上對這塊樹碑不立傳的碑有許多說法：一說武則天立此碑是為了顯擺自己，覺得任何文字都不足以形容自己的功德無量；二說武則天自知罪孽深重，碑文還是不寫的好。具體因何，至今不得知。不可否認，這塊無字碑給乾陵添加了神祕的色彩。

冷清潦草傳奇泰陵

泰陵特色：

以山為陵，規模浩大

陵主人的傳奇故事和冷清潦草的墓地，自古就有講不完的話題

唐泰陵是唐玄宗李隆基墓，李隆基是唐朝第七個皇帝，是歷史上最具傳奇色彩的皇帝之一，因「開元之治」，他把唐王朝推上極盛的巔峰；因「天寶之亂」，他又把唐王朝推向幾致覆亡的深淵；一折「長生殿」，使他流傳千古；一曲「長恨歌」，又使他遺恨終生。因此，就陵主而言，泰陵有著極大的吸引力。

在李隆基勤於治國、勇於開拓下，「開元盛世」之花盛開了，可隨著這朵盛世之花盛開的還有李隆基的享樂之花。

這樣一個充斥著享樂主義的皇帝，當然不會想到死，所以他根本就不會在泰陵上花費金錢和時間。他把所有的金錢和時間都花在了酒池肉林上。當他沉浸在這種享受人生樂趣的生活中時，「安史之亂」發生了。直到李隆基死時，金

栗山的墓地依然是原來模樣。

李隆基死後的十三天，他的兒子唐肅宗也駕崩了。孫子唐代宗即位後，不但要平定安史之亂，還要給一個皇帝和一個太上皇修建陵寢。可想而知，由於時間和財力的限制，墓地要多潦草就有多潦草。

泰陵玄宮位於金粟山之陽的腹部，因山為陵，規模浩大，據《省志》載，陵內封地達三十八公里，為諸陵中最大者。陵地設置分內外兩城，布局酷似京師長安。

唐王朝自李隆基就開始了它的滑落過程。幾百年後，唐朝最後一個皇帝被朱溫所代替，唐朝就永遠退出了歷史舞臺。隨著歲月的流逝，戰火頻仍，泰陵曾遭受過多次破壞和洗劫。尤其是朱溫篡唐期間，華原節度使溫韜浩劫不僅使宏偉的地面建築蕩然無存，而且還禍及玄宗遺骸。北宋太祖開寶六年（西元九七三年），下詔修葺泰陵，玄宗遺骸著法服、常服一套重新安葬，同時建立玄宗廟（廟址在今椿林鄉敬母寺村東南），於下宮處立碑，並於陵區廣植松柏、長楊、巨槐等。明清以前，下宮即為朝廷祭祀泰陵處所。

清代乾隆四十年（西元一七七五年），陝西巡撫畢沅下令修葺泰陵，並於陵區修築寬三尺、高六尺的圍牆（今已無存）加以保護，同時還在朱雀門獻殿遺址附近，樹立親筆題寫的「唐元宗泰陵」（為避康熙玄燁諱，改玄為元）巨碑，這一石碑至今猶存，五個隸書大字，蒼勁有力，不失為一件鐫刻珍品。一九五六年，泰陵被列為陝西省文物，並於一九五八年建立了泰陵文物管理所。但是，不可思議的是，泰陵石刻在大躍進期間和文化大革命中，又遭受到一次大規模的、無知的破壞。直到一九八〇年代以後，地方政府才加大投資力度，整修道路，植樹綠化並準備對地面石刻進行修復，這時，泰陵才真正獲得了新生。

這是一個潦草的皇陵，如同他的主人一樣，潦草的創造了盛世，潦草的結束了盛世，又潦草的進入了墳墓。歷史在此開著有規律的玩笑。

趣味知識窗

和泰陵孤單作伴的高力士墳墓的主人高力士，聖曆初（西元六九八年）入宮，時年約十五歲，當李隆基為藩王時，高力士即「傾心附結」，後一生侍奉玄宗，相處五十多年。玄宗辭位後，為李輔國所誣，長流巫州，力士曾曰：「臣當死已久，天子哀憐至今，願一見陛下顏色，死不恨。」輔國不許。寶應元年

（西元七六二年），遇赦返至郎州，聞訊並見二帝遺詔，北向痛哭，曰：「大行升遐，不得攀梓宮，死有餘恨。」悲痛嘔血而死，卒年七十九歲。代宗贈高力士揚州大都督，陪葬泰陵。

十三城門出棺孝陵

孝陵特色：

十三城門同時出棺的迷魂計，從古至今留下了許多茶餘飯後的話題

陵墓的防盜設計非常高明，別出一格，六百多年來地宮安然無恙

孝陵位於南京鐘山，是歷代風景最好的一座皇陵。迄今為止，沒有一座皇陵能和孝陵一樣不被盜墓軍團所窺探。孝陵就像是一個安靜的處子，溫柔的注視著人世間所發生的一切。

孝陵所在的鐘山之陽，寺塔、墓塚很多。傳說，朱元璋曾帶著精通堪輿術的劉基，以及徐達、湯和等一班開國朝臣，到東郊鐘山一帶「尋龍點穴」。反覆勘察後，幾人各自把相中的風水寶地寫於紙條藏在袖裡，亮出來時，竟然都是「獨龍阜」。

洪武十四年（西元一三八一年）明孝陵開始營建，第二年馬皇后去世，被葬入孝陵。馬皇后的卒謚「孝慈」，對於母儀天下的女人來說，沒有比這個稱號更

為尊崇、貼切了。這座明代最大的陵寢也因此被稱作「孝陵」。

洪武三十一年（西元一三九八年），朱元璋去世，於是傳說開始了。據說，朱元璋下葬的那天，搞了一個「迷魂陣」，當天，十三城門同時出棺。為此，南京有一首經典民謠曰：「南京有三怪，老頭怕老太，年輕人買錶女孩戴，十三個城門出棺材。」

在墓室的設計上，其方法也非常獨特。一般的皇陵建造方式都是從山頂往下挖開一個深穴，讓人在裡面施工，施工完畢後，再封起來。但明孝陵卻是橫向鑿入山體，從內部掏空建玄宮。這種橫穴式的建造方法肯定是費財費力，但十分堅固，如果不用炸藥根本就不可能炸開。但是，古代的盜墓賊並不知道這一點。清朝乾隆年間，一群盜墓賊湧至孝陵，趁著黑夜從上往下挖掘，但是他們足足挖了半年，才挖了山高的五分之二，卻始終找不到他們想要的。因為按照一般陵墓結構，到了五分之二應該到了陵墓的外結構了。而他們並不知道，孝陵採用了橫穴式設計，更為奇特的是，設計者把墓道偏向了一邊，成了側墓道。除此之外，建造者們還在明孝陵寶頂高高的封土堆下放了厚厚一層圓潤的鵝卵石。這些鵝卵石不僅便於雨水迅速滲透到寶頂排水設施中流出去，更為重要的是防盜。一旦盜墓賊挖開一個洞時，鵝卵石就會從四面八方滾落下來把洞填滿。如此一來，孝陵才能完好保存至今。

然而，需要明白的一個道理是，孝陵的完整不僅僅是完善的防盜措施，更重要的歷史機緣在冥冥之中保護著它。明朝滅亡後，清朝入關，孝陵本以為自己的厄運來了，但是它遇到一心想收攬漢人人心的大清，而拜謁明朝開國皇帝的陵墓是最好的表達方式。清朝康熙皇帝一生中六次南巡，五次拜謁明孝陵，行三跪九叩大禮。

緬懷歷史，我們不僅思索，是否鐘山的風水真的好，還是朱元璋的魄力與作為感動了上天，總之，六百多年來，孝陵任憑世事紛擾，獨自靜如處子而安然無恙。

趣味知識窗

孝陵依鐘山而建，因勢利導，將三條河納入自己的寢陵範圍，既可以保留洩洪通道，又讓河流為陵墓增色。在風水學上來講，凡是屋宅左邊有流水，稱青龍；右邊有長道，稱白虎；前面有水塘的，稱為朱雀；後面有丘陵，稱為玄武，這四種條件都具備的就是最好的建宅地點。試想如果你所居住的環境裡前面是水塘，後面靠著山，左右都有河流，又緊靠交通方便的道路，想必也很愜意。

福與禍十三陵長陵

長陵特色：

十三陵是世界現存規模最大、帝后陵寢最多的一處皇陵建築群
長陵在十三陵中建築規模最大、營建時間最早、
地面建築也保存得最為完好
祾恩殿是仿明代皇宮金鑾殿修建的，堪稱是古代木構建築中的珍貴遺物
充滿血淚的建陵史，頗受爭議的陵墓主人，
以及幸運的陵墓構成說不完的故事

在北京市昌平縣境內天壽山南麓，有一塊地域面積達四十餘平方公里區域，這裡躺著明朝十三位皇帝，故稱「明十三陵」。

明十三陵從永樂七年（西元一四〇九年）營建長陵，十三陵是世界現存規模最大、帝后陵寢最多的一處皇陵建築群。

明長陵是明朝第三位皇帝朱棣（年號「永樂」）和皇后徐氏的合葬陵寢，在

十三陵中建築規模最大，營建時間最早，地面建築也保存得最為完好。

天壽山各陵及北京宮殿所用楠木，採自四川、湖廣一帶的深山密林之中。那裡人跡不到，伐倒的楠木，也往往是「一木初臥，千夫難移」。明萬曆年間，四川一帶有「入山一千（人），出山五百（人）」的諺語。在當時的條件下，採伐的楠木到達北京至少要三年時間，而到達北京後，十根木頭也只能剩下一兩根了。運送到北京的每一根楠木上都沾滿了百姓的鮮血，在路途中的龐大花費使得楠木「價值連城」。由此可見，建造明長陵是一段充滿血淚的歷史。

不過，這還不是最殘忍的，最殘忍的要數「人殉」制度了。所謂人殉制度，就是用活人殉葬。修建長陵時。朱棣特意在長陵修建了東井、西井，專門用來埋葬殉葬人。永樂二十二年（西元一四二四年）七月，朱棣在征漠北蒙古的途中突然一病不起，十八日在榆木川病死。當時殉葬者共三十餘人，多為女性。據說，殉葬人在去死的那天，先要赴宴，宴會完畢先要大哭。朱棣的殘忍大概繼承了其父親朱元璋的本性，他熱衷於殺人遊戲，他一生殺的人可能連他自己都不知道有多少，所以，長陵地宮中三十多名宮女不過是小巫見大巫罷了。

任何帝王的陵墓都與盜墓有著曖昧的關係，盜墓者喜歡皇陵，這與皇陵陪葬的金銀財寶相關。作為明帝國最有偉業的明成祖的長陵更是不可能逃脫盜墓者的魔爪。乾隆皇帝是第一個對明十三陵打鬼主意的。不過，他和別人的手法不一樣，他打著修葺明皇陵的旗號對其進行拆大改小，將長陵祾恩殿的金絲楠木大柱拆下來給自己的陵寢當柱子。至此，長陵的主人明成祖朱棣一直安睡到現在。

由此看來，長陵是幸運的。明成祖生前殺人無數理應得到報應，所以才有乾隆偷楠木，才有吳晗想見見他的屍體。但他的確建立了無數功勳，蒼天或許有感於此，讓它三番兩次躲過了被挖之禍。

趣味知識窗

明十三陵是明朝十三個皇帝的陵墓，但明朝一共有十六個皇帝，為什麼叫十三陵呢？這要追述一下明朝的歷史。明朝開國皇帝朱元璋，建都於南京，死後葬於南京鐘山之陽稱「明孝陵」。第二帝朱允文（建文帝）因其叔父朱棣以「靖難」（為皇帝解除危難之意）為名發兵打到南京，建文帝不知所終，所以沒有陵墓。第七帝朱祁鈺，因其兄英宗皇帝被瓦剌所俘，在太后和大臣的旨意下即了帝位，後來英宗被放回，又坐了皇帝。朱祁鈺被害死，以「王」的身分將他葬於北京西郊玉泉山。這樣，明朝十六帝有兩位葬在別處，一位下落不明，其餘十三位都葬在天壽山。

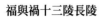

電子書購買

多少樓臺煙雨中：從古鎮名橋到瓊樓玉宇，告訴你建築裡隱藏的故事 / 夏弘莉著 . -- 第一版 . -- 臺北市：崧燁文化事業有限公司，2021.08
面；　公分
POD 版
ISBN 978-986-516-722-6(平裝)
1. 名勝古蹟 2. 歷史性建築 3. 中國
684　　110009392

多少樓臺煙雨中：從古鎮名橋到瓊樓玉宇，告訴你建築裡隱藏的故事

臉書

作　　者：夏弘莉
發 行 人：黃振庭
出 版 者：崧燁文化事業有限公司
發 行 者：崧燁文化事業有限公司
E-mail：sonbookservice@gmail.com
粉 絲 頁：https://www.facebook.com/sonbookss/
網　　址：https://sonbook.net/
地　　址：台北市中正區重慶南路一段六十一號八樓 815 室
Rm. 815, 8F., No.61, Sec. 1, Chongqing S. Rd., Zhongzheng Dist., Taipei City 100, Taiwan
電　　話：(02)2370-3310　　　傳　　真：(02) 2388-1990
印　　刷：京峯彩色印刷有限公司（京峰數位）
律師顧問：廣華律師事務所 張珮琦律師

版權聲明

本書版權為作者所有授權崧博出版事業有限公司獨家發行電子書及繁體書繁體字版。
若有其他相關權利及授權需求請與本公司聯繫。
未經書面許可，不得複製、發行。

定　　價：320 元
發行日期：2021 年 08 月第一版
◎本書以 POD 印製